Micro-retraite à 25 ans !
Pourquoi attendre la fin de votre vie ?

Un guide pour les générations Z et millennials
qui refusent d'attendre 65 ans pour vivre.

Dr CADIC Philippe

Sommaire

Nous vivons à une époque où **"être productif"** est devenu une injonction permanente. Journées surchargées, notifications incessantes, réunions qui s'enchaînent, sans parler des to-do lists interminables qui nous rappellent constamment ce que nous *n'avons pas encore fait*. Le rythme professionnel actuel ressemble souvent à une course effrénée, où chaque minute doit être exploitée au maximum.

Cela s'explique en partie par notre culture moderne, façonnée par l'**hyperconnectivité** et les réseaux sociaux. Sur LinkedIn, on glorifie les nuits blanches pour boucler un projet. Sur Instagram, on admire les "digital nomads" qui travaillent depuis des plages paradisiaques (sans voir ce qu'il y a derrière : des heures passées à gérer un laptop sous 40 degrés). Le message est clair : **si vous ne faites pas plus, vous êtes en retard.**

Mais jusqu'où peut-on pousser cette quête de productivité avant de craquer ? Les conséquences de ce mode de vie sont bien visibles : **fatigue chronique, perte de sens, burn-out**, et parfois même des troubles de la santé mentale. À force de travailler pour cocher des cases, beaucoup de jeunes actifs finissent par perdre leur joie de vivre et l'équilibre essentiel entre leur travail et leur bien-être.

Contrairement à leurs parents et grands-parents, qui suivaient un chemin professionnel plus linéaire, les **millennials** et la **Génération Z** évoluent dans un monde plus **instable, rapide et exigeant**.

Cette génération a grandi avec des crises économiques, un marché du travail ultra-compétitif et une constante comparaison sociale due aux réseaux sociaux. Les attentes sont élevées : il faut réussir professionnellement, avoir une vie sociale épanouie, voyager, être en forme, tout en restant "zen" et éco-responsable. En résumé : **tout faire, tout avoir.**

Or, cette pression entraîne un épuisement physique et mental sans précédent. Selon une étude de l'Organisation mondiale de la santé, **le burn-out touche principalement les jeunes actifs**. La culture du **"toujours disponible"** et le télétravail, parfois vu comme un avantage, ont brouillé les frontières entre vie personnelle et vie professionnelle. Il est donc devenu difficile de "déconnecter" réellement.

Face à ce constat, un mouvement émerge : **le micro retirement**. Une tendance qui offre une pause stratégique, une bulle d'air dans une carrière bien remplie, permettant de prendre du recul et de retrouver un équilibre durable.

Le concept de **micro retirement**, ou micro-retraite, peut sembler surprenant. Contrairement à l'idée traditionnelle de "prendre sa retraite à 65 ans pour aller vivre paisiblement dans une maison au bord de la mer", la micro-retraite consiste à **intégrer de petites pauses bien planifiées** tout au long de sa carrière.

Imaginez cela comme des **mini retraites stratégiques**, de 6 mois à 1 an, au cours desquelles vous pouvez :

- Voyager autour du monde pour réaliser un rêve longtemps reporté.
- Prendre soin de votre **santé mentale** et physique en vous consacrant à vous-même.
- Apprendre une nouvelle compétence, lancer un projet personnel ou même faire du bénévolat.
- Simplement **ralentir** pour profiter de l'instant présent.

Ce n'est pas une fuite du travail, ni un luxe réservé aux plus privilégiés. C'est une **pause choisie**, organisée avec soin pour mieux revenir. Dans un monde où la retraite traditionnelle semble s'éloigner pour beaucoup de jeunes (réformes, précarité des contrats, etc.), le micro retirement devient une alternative moderne et réaliste pour **vivre pleinement sa vie aujourd'hui, sans attendre des décennies.**

Ce livre s'adresse à **vous**, jeunes de la Génération Z et millennials, qui aspirez à un autre rythme de vie. Peut-être que vous vous sentez déjà submergé par vos responsabilités, ou simplement lassé par la routine quotidienne. Peut-être que vous rêvez de voyager, de lancer un projet personnel ou de vous offrir un temps pour réfléchir… sans savoir par où commencer.

L'objectif de ces pages est double :

1. **Vous inspirer** avec des témoignages, des exemples concrets et des idées pratiques pour montrer qu'une micro-retraite est accessible et réalisable.
2. **Vous guider étape par étape** : comment la planifier, la financer, la réussir et en tirer le meilleur parti pour votre vie personnelle et professionnelle.

Pas de discours utopiques ou déconnectés de la réalité. Ce livre est conçu comme un **guide pratique**, avec des conseils réalistes, des astuces concrètes et des outils pour vous aider à franchir le pas.

La micro-retraite n'est pas une fin en soi. C'est un moyen de **retrouver du sens, de l'énergie et du plaisir**, afin d'aborder la suite de votre vie avec plus de clarté et de sérénité. Alors, prêt à envisager une petite pause pour avancer autrement ?

Chapitre 1 : Comprendre le micro retirement

Le **micro retirement**, ou **micro-retraite**, est une pratique qui consiste à prendre des pauses stratégiques dans sa vie professionnelle pour **se ressourcer, explorer de nouveaux horizons, ou simplement souffler**. Contrairement à la retraite classique que l'on atteint après des décennies de travail, la micro-retraite se répartit tout au long de sa carrière, en **petites périodes** de 6 mois à 1 an, parfois plus courtes selon les besoins.

L'idée derrière cette tendance est simple : **pourquoi attendre la fin de sa vie active pour vivre pleinement ?** Le micro retirement invite à injecter de la liberté et de l'aventure dans le "ici et maintenant", en créant des pauses qui permettent de :

- **Ralentir** et prendre du recul sur sa carrière.
- **Réévaluer ses objectifs personnels et professionnels.**
- **S'accorder du temps** pour voyager, apprendre ou s'occuper de soi.

Les origines du micro retirement remontent en partie aux mouvements de **"mini-retraites"** popularisés par l'auteur Tim Ferriss dans son livre *La semaine de 4 heures*. Ferriss a introduit l'idée qu'il est possible de "découper sa retraite" en plusieurs moments tout au long de sa vie, plutôt que de la concentrer sur les dernières années de son existence.

Cependant, c'est surtout la **Génération Z** et les **millennials** qui ont adopté et réinventé cette pratique à leur façon. Avec l'essor du **digital nomadisme**, du télétravail et des aspirations à une vie plus équilibrée, de nombreux jeunes actifs considèrent que leur carrière ne doit pas être un obstacle à leurs **désirs personnels**.

En somme, le micro retirement ne signifie pas **"abandonner son travail"**, mais plutôt **faire une pause intelligente** pour vivre autrement, se ressourcer, et revenir enrichi. C'est un concept qui réconcilie ambition professionnelle et épanouissement personnel.

Micro-retraite vs retraite traditionnelle : briser les idées reçues

Quand on entend le mot "retraite", on pense généralement à une période de repos bien méritée après **40 ans de carrière**. Un temps pour profiter de la vie, voyager, ou cultiver ses passions… Mais dans la réalité, la retraite traditionnelle est souvent vue comme **un horizon lointain**, parfois incertain, en raison de réformes et d'un marché du travail en constante évolution.

La **micro-retraite**, quant à elle, casse ce schéma rigide et propose une **nouvelle perspective** :

- **Découper sa retraite en plusieurs petites pauses** réparties tout au long de sa carrière.
- Profiter de ces moments pendant que l'on est encore **jeune, énergique et en pleine santé**.
- Ne pas attendre une stabilité hypothétique pour s'accorder des expériences enrichissantes.

Comparons ces deux approches pour briser les idées reçues :

Retraite traditionnelle	Micro-retraite
Vient en fin de carrière, souvent après 60 ans.	Intervient tout au long de la carrière, selon les besoins.
Dure plusieurs décennies (selon l'espérance de vie).	Dure entre **6 mois et 1 an** en moyenne.
Financement par des cotisations, retraites d'État.	Financement par l'épargne personnelle, primes ou ajustement de style de vie.
Vise à se reposer après des années de labeur.	Vise à **recharger ses batteries**, explorer et se recentrer.
Difficile à anticiper à cause des réformes et des aléas de la vie.	Plus flexible, car elle peut être organisée et adaptée au fil du temps.

Briser les clichés : Non, la micro-retraite n'est pas une "fuite"

Certaines critiques accusent les partisans de la micro-retraite de **"manque de sérieux"** ou de "fuir leurs responsabilités". Mais cette vision est dépassée et ignore l'essence même du concept : il s'agit d'un **choix**

stratégique pour mieux vivre sa vie personnelle ET professionnelle.

Prenons l'exemple de **Sarah**, 28 ans, responsable marketing dans une start-up. Après 5 ans de travail acharné, elle a ressenti les premiers signes de **burn-out** : irritabilité, fatigue constante et perte de motivation. Plutôt que de quitter son poste, Sarah a négocié avec son employeur une pause de 6 mois. Elle a pris le temps de **voyager en Asie**, se former en photographie et retrouver une routine plus saine. À son retour, elle est revenue plus **épanouie et créative**, avec des idées nouvelles pour son entreprise.

À l'inverse, **Marc**, développeur freelance de 32 ans, a choisi de rester chez lui pour profiter de sa micro-retraite. Pendant 8 mois, il a mis en pause ses projets clients pour se concentrer sur son **bien-être mental** : yoga, méditation et lecture. Résultat ? Marc a non seulement retrouvé son équilibre, mais il a également **développé un projet personnel** qu'il n'avait jamais eu le temps d'approfondir auparavant.

Ces exemples montrent que la micro-retraite n'est ni une fuite ni une pause "pour ne rien faire". C'est une **stratégie consciente**, adaptée aux besoins de chacun, permettant de mieux avancer dans la vie professionnelle tout en cultivant son **bien-être personnel**.

Le **micro retirement** redéfinit la manière dont nous percevons le temps et la carrière. Il ne s'agit pas d'attendre une hypothétique retraite pour vivre, mais de **s'autoriser à vivre dès aujourd'hui**, par petites touches. En brisant les codes de la productivité à tout prix, cette pratique s'impose comme une **réponse moderne, saine et équilibrée** aux défis d'une époque où tout va trop vite.

Prêt à en savoir plus ? Dans les prochaines pages, nous explorerons **les raisons profondes** pour lesquelles le micro retirement s'impose comme une nécessité dans le monde actuel. 🚀

Pourquoi ce concept séduit autant les jeunes générations ?

La **Génération Z** et les **millennials** sont souvent décrits comme des générations en quête de **sens**, d'équilibre et d'expériences de vie. Contrairement à leurs aînés, ils rejettent de plus en plus le modèle traditionnel du **"métro-boulot-dodo"** suivi d'une retraite tardive. Pour eux, le travail n'est pas uniquement une source de revenus, mais doit aussi **favoriser l'épanouissement personnel**.

Plusieurs facteurs expliquent pourquoi le **micro retirement** séduit autant ces jeunes générations :

1. **La quête de sens et d'équilibre**
   Dans un monde où l'on passe en moyenne **plus de 80 000 heures de sa vie à travailler**, les jeunes adultes se demandent si cette course effrénée en vaut vraiment la peine. La recherche d'un **sens profond** à leur quotidien est au cœur de leurs préoccupations. La micro-retraite offre l'opportunité de se poser, de réfléchir à ses choix de vie et d'explorer de nouvelles voies pour **retrouver du sens**.
2. **La pression du burn-out**
   Entre les attentes professionnelles élevées,

l'hyperconnectivité et la comparaison constante sur les réseaux sociaux, les niveaux de stress chez les jeunes générations atteignent des sommets. Le micro retirement apparaît alors comme une **bouée de sauvetage** face au burn-out. Il permet de souffler, de se reconnecter à soi-même et de recharger ses batteries pour revenir **plus serein et productif.**

3. **Une vision différente du succès**
La réussite, autrefois associée à la sécurité financière et au statut social, a changé de visage. Pour beaucoup de jeunes, **l'accumulation de richesses n'est plus la priorité.** Le succès se mesure désormais en termes de **qualité de vie, de liberté et d'expériences.** Voyager, passer du temps avec ses proches, apprendre de nouvelles compétences ou s'investir dans une cause personnelle sont des formes de réussite tout aussi valorisées.

4. **L'essor du télétravail et des nouvelles formes de travail**
La pandémie de COVID-19 a bouleversé les habitudes professionnelles. Le télétravail et le freelancing ont permis à de nombreux jeunes de découvrir une **nouvelle flexibilité** dans leur carrière. Si l'on peut travailler depuis n'importe où dans le monde, pourquoi ne pas organiser sa vie de manière plus équilibrée ? La micro-retraite s'intègre parfaitement dans cette vision plus **libre et flexible** du travail.

5. **L'influence des réseaux sociaux**
Les plateformes comme **TikTok, Instagram et YouTube** jouent un rôle majeur dans la diffusion du micro retirement. En quelques secondes, des vidéos montrent des jeunes qui quittent temporairement

leur travail pour voyager, se retrouver ou réaliser un projet personnel. Ces témoignages visuels, souvent inspirants, brisent les tabous autour des pauses professionnelles et donnent des idées concrètes à ceux qui hésitent encore.

Exemples concrets : des cas inspirants tirés des réseaux sociaux, notamment TikTok

Les réseaux sociaux regorgent d'exemples inspirants de jeunes qui ont osé franchir le pas du micro retirement. Voici quelques histoires marquantes, largement partagées sur **TikTok** et d'autres plateformes.

---

1. Léa, 27 ans – Une pause pour explorer le monde

Léa travaillait dans une agence de communication à Paris. Après des années à jongler entre les deadlines, les clients exigeants et une charge mentale écrasante, elle a senti le **burn-out pointer le bout de son nez**. Inspirée par des vidéos sur TikTok, Léa a décidé d'économiser pendant un an pour financer une pause de **6 mois**.

Résultat ? Léa a parcouru l'Asie du Sud-Est en sac à dos, découvrant des pays comme la Thaïlande, le Vietnam et le Laos. Chaque semaine, elle postait des **mini-vlogs** sur TikTok pour raconter son parcours, les leçons tirées de ses rencontres et ses découvertes personnelles. Aujourd'hui, ses vidéos cumulent des **millions de vues**, et elle a même décroché des contrats pour réaliser du contenu en freelance, mêlant ainsi passion et profession.

2. Maxime, 30 ans – Une micro-retraite pour se réinventer

Maxime travaillait comme développeur dans une grande entreprise. Bien payé, il menait une carrière prometteuse, mais quelque chose clochait : il ne se sentait **plus aligné avec ses valeurs**. Grâce à un **plan d'épargne rigoureux** et quelques heures supplémentaires, Maxime a financé une pause de 8 mois.

Durant cette période, il a pris le temps de se former en **permaculture** et a fait du bénévolat dans une ferme bio en Espagne. Sur TikTok, Maxime partageait des vidéos de son quotidien, expliquant comment il réapprenait à vivre au rythme de la nature. À son retour, il a décidé de devenir **consultant freelance en agriculture urbaine**, transformant ainsi son projet personnel en une nouvelle carrière.

---

3. Inès et Karim, 25 et 28 ans – Une aventure en couple

Inès et Karim ont documenté leur **tour d'Europe en van aménagé** sur Instagram et TikTok. Après 3 ans de travail intense dans leurs secteurs respectifs, ils ont décidé de prendre une **micro-retraite d'un an** pour voyager et vivre autrement. Leur chaîne TikTok est rapidement devenue virale : ils partageaient leurs galères (les pannes du van), leurs moments de bonheur (les couchers de soleil en Norvège) et leurs astuces pour voyager avec un **budget serré**.

Leur aventure a inspiré des milliers de jeunes, prouvant qu'il est possible de réaliser ses rêves avec une organisation solide et une vision claire.

Ces exemples montrent que les **réseaux sociaux jouent un rôle de catalyseur** pour la popularisation du micro retirement. Chaque vidéo, chaque témoignage, vient **briser le tabou des pauses professionnelles** et inspire d'autres jeunes à oser ralentir.

Ces plateformes offrent également une **source précieuse d'informations et d'astuces** :

- Comment économiser pour une micro-retraite ?
- Quels pays visiter avec un budget réduit ?
- Comment convaincre son employeur de prendre un congé sabbatique ?

Ainsi, les jeunes générations voient dans le micro retirement **une opportunité réaliste** et non une utopie inaccessible. Grâce à ces témoignages, la micro-retraite devient non seulement une **tendance**, mais aussi une **solution concrète** face aux défis du monde moderne.

La culture du "toujours productif" et ses impacts sur la santé mentale

Dans notre société moderne, la productivité est devenue une **valeur suprême**, souvent placée au-dessus du bien-être, de l'équilibre et même de la santé. Répondre instantanément à ses emails, remplir chaque minute de sa journée avec des tâches "utiles", enchaîner les projets : tout cela est devenu la norme. Cette culture du **"toujours productif"**, omniprésente dans nos vies professionnelles, est **amplifiée par les nouvelles technologies** et les réseaux sociaux.

Les origines de cette pression constante

La révolution numérique a bouleversé notre façon de travailler. Aujourd'hui, nos ordinateurs portables et nos smartphones nous accompagnent **partout**, créant une **frontière floue** entre le travail et la vie personnelle. Le télétravail, bien qu'il présente des avantages, a renforcé cette tendance. Un email professionnel reçu à 21h ? Il devient difficile d'y résister. Une notification Slack un dimanche matin ? "Autant y répondre, ça ne prendra qu'une minute."

Les réseaux sociaux, de leur côté, ajoutent une autre couche de pression. Des phrases comme **"Hustle harder"**, **"No pain, no gain"**, ou encore **"Work while they sleep"** inondent les fils d'actualité. On admire ceux qui enchaînent les succès et les projets sans jamais montrer de signes de fatigue, et l'on se compare involontairement à eux. Cette glorification du **"toujours plus"** nous pousse à croire que ralentir serait une **faiblesse**.

Mais cette culture a un coût : **notre santé mentale**. Les chiffres parlent d'eux-mêmes :

- Selon l'OMS, **1 personne sur 4** souffrira de troubles liés à la santé mentale au cours de sa vie, et le travail en est souvent une cause majeure.
- Une étude de Gallup révèle que **44 % des jeunes professionnels** déclarent se sentir "stressés en permanence".
- Les signes avant-coureurs, comme l'anxiété, la fatigue chronique ou l'irritabilité, sont souvent ignorés jusqu'à ce qu'il soit **trop tard**.

Cette sur-productivité permanente entraîne ce que certains spécialistes appellent une **"fatigue décisionnelle"**. Passer ses journées à prendre des décisions, petites ou grandes, finit par épuiser nos ressources mentales. À cela s'ajoute la **charge mentale**, particulièrement ressentie chez les jeunes actifs qui doivent jongler entre travail, finances, relations et projets personnels.

Le risque de burn-out chez les jeunes actifs

Le **burn-out** n'est plus un phénomène rare ou réservé aux "cadres dirigeants". Il frappe désormais de plein fouet la **Génération Z** et les **millennials**, souvent à peine entrés dans la vie active. Pourquoi ? Parce que ces jeunes générations évoluent dans un environnement où la pression est **omniprésente**.

1. **L'insécurité professionnelle** : Le marché du travail est devenu plus précaire, avec des contrats courts et des attentes élevées dès les premiers postes. Beaucoup ressentent la pression de **faire leurs preuves** rapidement pour sécuriser leur avenir.
2. **Les journées sans fin** : Entre le travail "officiel" et les tâches additionnelles (répondre à des emails après 20h, suivre des formations pour rester compétitif), la journée ne s'arrête jamais vraiment. Le concept de **"droit à la déconnexion"** semble souvent inaccessible.
3. **Les attentes irréalistes** : Les jeunes actifs grandissent dans une culture où **réussir sa carrière rapidement** est perçu comme un passage obligé. La peur de "rester à la traîne" ou de "rater quelque chose" (le fameux **FOMO**) pousse à travailler toujours plus.
4. **L'hyperconnectivité** : Être constamment en ligne signifie être constamment sollicité. Même en vacances ou en congé, beaucoup de jeunes ne parviennent pas à **se déconnecter mentalement**, ce qui rend la récupération presque impossible.

Qu'est-ce que le burn-out ?

Le burn-out, ou **syndrome d'épuisement professionnel**, est une réponse à un **stress chronique** lié au travail. Il se caractérise par :

- **Une fatigue extrême**, physique et émotionnelle.
- **Un désengagement professionnel** : la perte de sens dans ses missions quotidiennes.
- **Un sentiment d'inefficacité** : même les tâches simples deviennent difficiles à accomplir.

Dans les cas les plus graves, le burn-out peut entraîner des conséquences dramatiques : dépression, troubles du sommeil, problèmes de santé physique et même des ruptures de parcours professionnel.

Pourquoi le micro retirement est-il une réponse efficace ?

Face à ces défis, le micro retirement apparaît comme une solution moderne pour :

- **Interrompre le cercle vicieux** de la productivité excessive.
- Prendre du recul et **éviter de "craquer" complètement**.
- Réévaluer ses priorités et retrouver une motivation saine pour le travail.

Prenons l'exemple d'**Élodie**, 29 ans, cheffe de projet dans une grande entreprise. Après des mois de travail sous pression, Élodie a ressenti une **fatigue intense**, à tel point qu'elle redoutait chaque début de semaine. Plutôt que de persévérer au détriment de sa santé, elle a choisi de prendre une **pause de 6 mois** pour voyager en Amérique du Sud. À son retour, elle avait retrouvé de l'énergie et surtout une **vision plus claire** de ce qu'elle voulait dans sa carrière.

Cette pause stratégique lui a permis non seulement d'éviter le burn-out, mais aussi de **renouer avec sa**

créativité et d'apporter de nouvelles idées dans son entreprise.

Un changement nécessaire de mentalité

Le **micro retirement** n'est pas une "mode" passagère, mais une réponse adaptée à une époque qui **épuise** ses travailleurs dès leur entrée dans la vie professionnelle. Il invite à un changement de perspective : au lieu de valoriser l'épuisement comme preuve de dévouement, il célèbre la **sagesse de la pause** pour mieux avancer.

Ainsi, pour les jeunes actifs, prendre une micro-retraite n'est pas un caprice, mais une nécessité. Une façon de **reprendre le contrôle** face à une société qui demande toujours plus, sans offrir d'espace pour souffler.

Les avantages d'une pause stratégique

Prendre du recul sur sa carrière

Le quotidien professionnel, souvent rythmé par des **délais serrés, des objectifs à atteindre et des sollicitations constantes**, ne laisse que peu de place à la réflexion. Combien de fois vous êtes-vous retrouvé à réaliser un projet sans vous demander s'il était **aligné avec vos ambitions personnelles** ? Le micro retirement offre une occasion précieuse de **prendre du recul**.

Faire une pause permet de **sortir de l'automatisme** de la routine et d'observer sa carrière avec un regard neuf. C'est l'occasion de se poser des questions essentielles :

- Suis-je heureux dans mon travail actuel ?
- Suis-je en train d'atteindre les objectifs que je me suis fixés ?
- Quels aspects de ma carrière me passionnent vraiment, et lesquels me drainent ?

Prenons l'exemple de **Nicolas, 31 ans**, ingénieur dans une grande entreprise. Après 8 ans de carrière sans interruption, il sentait que quelque chose n'allait plus : il s'était laissé porter par les promotions successives sans se demander si ce chemin lui convenait. Lors de sa **micro-retraite de 9 mois**, Nicolas a pris le temps de réfléchir à ses passions et a découvert un intérêt pour l'enseignement. À son retour, il a réussi à négocier un poste d'encadrant dans son entreprise où il forme désormais les nouvelles recrues. Cette pause a été **le déclencheur d'un renouveau professionnel**.

Booster sa créativité et sa motivation

La créativité s'épanouit dans les moments où l'esprit est **libéré**. Pourtant, dans un contexte où les journées sont dictées par l'urgence et la performance, il est facile de perdre cette **étincelle créative**. Le micro retirement agit comme un **reset mental** : en s'éloignant du travail, même temporairement, on laisse place à de nouvelles idées, de nouvelles perspectives.

- Voyager dans un pays étranger, par exemple, expose à des cultures différentes, à des manières inédites de penser et de vivre. Cela nourrit l'esprit et ouvre des portes que l'on ne soupçonnait pas.
- Prendre une pause pour lire, écrire ou même s'initier à une activité artistique (peinture, musique, photographie) stimule les parties de notre cerveau souvent négligées dans un environnement de travail rigide.

Emma, 28 ans, graphiste freelance, raconte dans une vidéo TikTok que sa micro-retraite de 6 mois en Islande a complètement transformé son approche du design : "La nature brute, les couleurs et le silence m'ont inspirée. J'ai réalisé à quel point mon travail manquait de spontanéité. Depuis, je m'autorise plus de liberté dans mes créations, et mes clients adorent."

Quant à la motivation, elle renaît lorsque l'on a le temps de **se ressourcer**. Une micro-retraite bien pensée évite le risque de **l'épuisement complet** (le fameux burn-out) et permet de revenir au travail avec une **énergie renouvelée** et un enthousiasme retrouvé.

Se reconnecter à soi-même et à ses priorités

À force de répondre aux exigences professionnelles et sociales, on oublie souvent ce qui compte **vraiment** pour nous. Prendre une pause stratégique, c'est se donner la permission de :

- **Ralentir** pour écouter ses besoins.

- Redéfinir ses priorités, qu'elles soient personnelles ou professionnelles.
- Retrouver du temps pour soi, sans culpabilité.

Le **micro retirement** est souvent l'occasion d'explorer des passions laissées de côté : écrire un livre, apprendre une langue, pratiquer un sport ou même se lancer dans du bénévolat. Ces moments permettent de **se reconnecter à sa propre identité**, indépendamment des attentes extérieures.

Prenons l'exemple d'**Anna, 26 ans**, infirmière dans un service hospitalier surchargé. Après des années à enchaîner les gardes et à s'occuper des autres, elle s'est sentie **vide** et dépassée. Durant sa micro-retraite, elle s'est consacrée à des activités qui lui faisaient du bien : méditation, yoga et écriture. À son retour, Anna a décidé de réduire son temps de travail pour s'engager dans une association de soutien aux soignants. Elle affirme aujourd'hui : **"Cette pause m'a appris à mettre ma santé mentale en priorité, et à trouver un équilibre que je pensais impossible."**

Témoignages et statistiques pour illustrer l'importance de cette pratique

Les bienfaits du micro retirement sont de plus en plus documentés, et les témoignages abondent pour prouver que ces pauses stratégiques ne sont pas qu'un luxe, mais une véritable **nécessité**.

Quelques chiffres marquants

- **Selon une étude LinkedIn**, 68 % des jeunes actifs déclarent ressentir régulièrement des niveaux élevés de stress dans leur travail.
- Une enquête menée par l'institut **Deloitte** révèle que **77 % des millennials** disent avoir subi un burn-out à leur poste actuel.
- Près de **60 % des jeunes** affirment que s'accorder du temps pour voyager, apprendre ou se ressourcer serait un **investissement bénéfique** pour leur carrière sur le long terme.

Témoignages inspirants

1. **Jules, 29 ans – Une pause pour donner un nouveau sens à sa vie**

   Jules travaillait dans la finance à Londres, un secteur réputé pour son rythme infernal. Après avoir frôlé l'épuisement, il a pris une pause de 8 mois pour partir en trek au Népal. Ce voyage lui a permis de se reconnecter à des valeurs essentielles : la simplicité et la nature. Aujourd'hui, Jules a quitté le monde de la finance pour créer une start-up axée sur les retraites bien-être. Il explique : *"La pause a changé ma vie. J'ai découvert que je pouvais réussir autrement, sans sacrifier mon bien-être."*

2. **Camille et Lucas, couple de freelances – Vivre autrement**

   Ce couple de freelances a documenté sur Instagram

leur micro-retraite de 6 mois en Italie. En alternant entre voyages et petites missions de travail à distance, ils ont réussi à combiner **pause et activité professionnelle légère**. Leur témoignage a inspiré des milliers de jeunes à croire en un modèle de travail plus flexible : *"On a appris qu'il est possible de vivre plus lentement, tout en restant productifs. C'est une question de priorités."*

Le micro retirement n'est pas seulement une pause pour "faire le vide" : c'est une **stratégie efficace** pour retrouver du sens, de la motivation et de la créativité. Prendre le temps de se déconnecter permet de revenir **plus fort**, plus clair et souvent plus heureux.

Dans la prochaine section, nous découvrirons **comment organiser concrètement une micro-retraite** : du budget à la planification, je vous guiderai pas à pas pour transformer ce rêve en réalité.

Chapitre 3 : Les formes de micro retirement

Le **micro retirement** est une pratique aussi variée que les individus qui la choisissent. Contrairement à ce que l'on pourrait croire, il n'y a pas **"une seule bonne manière"** de vivre une micro-retraite. Les formes qu'elle peut prendre dépendent des objectifs, des ressources et des besoins de chacun. Que vous choisissiez de partir à l'autre bout du monde ou de rester chez vous pour ralentir, l'essentiel est de vous offrir une pause **réfléchie** et **régénératrice**.

Voyager pour s'évader et découvrir le monde : itinéraires et retours d'expérience

Prendre une micro-retraite pour **voyager** est sans doute l'une des formes les plus populaires et les plus inspirantes de cette pratique. L'idée ? Quitter son quotidien, **changer de décor**, explorer d'autres cultures, et se laisser surprendre par le monde. Pour beaucoup, le voyage est un moyen de **se déconnecter réellement**, loin des emails, des appels et des obligations.

Pourquoi voyager pendant une micro-retraite ?

1. **Sortir de sa zone de confort** : Découvrir un nouveau pays ou une nouvelle culture est une opportunité unique de repousser ses limites, d'apprendre à s'adapter et de développer une vision plus large du monde.
2. **Recharger ses batteries** : Un environnement différent permet de faire une coupure mentale et physique avec la routine. Le voyage invite au lâcher-prise.

3. **Stimuler sa créativité** : Les nouvelles expériences, paysages et rencontres sont des **sources inépuisables d'inspiration**.
4. **Redécouvrir ce qui compte vraiment** : Face à l'essentiel (comme vivre avec un sac à dos et quelques affaires), on se rend compte que le bonheur ne dépend pas forcément de la réussite matérielle.

---

1. Le tour d'Asie du Sud-Est : l'aventure à petit budget
L'Asie du Sud-Est est une destination prisée par les micro-retraités pour son **coût de la vie abordable**, sa richesse culturelle et ses paysages à couper le souffle. Des plages de Thaïlande aux rizières de Bali, en passant par les marchés animés du Vietnam, la région offre une **déconnexion totale** sans se ruiner.

- **Exemple** : Thomas, 27 ans, a quitté son poste dans une start-up pour voyager 6 mois entre la Thaïlande, le Laos et le Cambodge. Il a budgété **800 € par mois** en vivant simplement, tout en partageant son expérience sur un blog. "Je suis revenu avec des souvenirs incroyables, une meilleure maîtrise de mes dépenses, et l'envie d'intégrer plus d'aventure dans ma vie."

2. Le road-trip en van : liberté et introspection
Aménager un van et partir à l'aventure est une autre tendance forte, surtout chez les jeunes générations en quête de **liberté et de minimalisme**. L'Europe, l'Australie ou encore l'Amérique du Nord se prêtent particulièrement bien à ce style de micro-retraite.

- **Exemple** : Camille et Lucas, 30 et 32 ans, ont parcouru l'Europe en van pendant 8 mois. "On s'arrêtait où on voulait, on travaillait parfois à distance, et on a retrouvé un rythme de vie simple et heureux. Le minimalisme est devenu notre nouvelle norme."

3. Les séjours en immersion culturelle
Certaines personnes choisissent de **vivre dans un seul pays** pour s'imprégner profondément d'une nouvelle culture. Apprendre une langue, se former à un art local ou s'engager dans des activités de bénévolat sont autant de moyens d'enrichir son quotidien.

- **Exemple** : Jade, 29 ans, a passé 6 mois au Japon pour suivre des cours de calligraphie et d'ikebana (art floral). "J'ai appris la patience, la discipline et la beauté de la simplicité. Cette expérience m'a transformée."

Retour d'expérience : quelques astuces pour bien voyager en micro-retraite

1. **Planifier sans trop surcharger** : Laissez-vous de la marge pour l'imprévu. L'un des objectifs de cette pause est de ralentir.
2. **Budgétiser en amont** : Établissez un budget précis pour éviter le stress financier. Pensez aux options économiques comme le couchsurfing, le wwoofing (travail en échange de logement), ou la location à long terme.
3. **Être présent dans l'instant** : Laissez de côté vos habitudes digitales. Limitez les réseaux sociaux pour profiter pleinement des expériences.

4. **Documenter votre parcours** : Gardez un carnet de voyage ou créez des vlogs pour vous souvenir de cette période unique.

Une pause chez soi : redécouvrir son quotidien avec du temps pour soi

Voyager n'est pas une obligation pour réussir sa micro-retraite. Prendre une pause **chez soi** peut être tout aussi bénéfique, à condition de la vivre comme une véritable opportunité de **renouvellement**. L'idée est simple : réinvestir votre espace quotidien, redécouvrir vos passions et adopter un rythme de vie qui favorise **le bien-être**.

Pourquoi rester chez soi pendant une micro-retraite ?

1. **Moins de contraintes financières** : Pas de billets d'avion ni de frais d'hébergement. C'est une solution idéale pour ceux qui préfèrent économiser ou ne souhaitent pas bouleverser leur quotidien.
2. **Se recentrer sur l'essentiel** : Profiter de cette pause pour prendre soin de soi, de sa santé mentale et de ses projets personnels.
3. **Explorer son environnement local** : Prendre le temps de découvrir ce que l'on néglige souvent par manque de temps : les musées, les parcs, les cafés ou les activités culturelles de sa ville.

1. Se consacrer à des projets personnels

- Apprendre une nouvelle compétence (musique, dessin, programmation).
- Lancer un blog, un podcast ou écrire un livre.
- Réaliser des travaux manuels ou créatifs (peinture, poterie, jardinage).

2. Prendre soin de sa santé mentale et physique

- S'inscrire à des cours de yoga, méditation ou sport.
- Prendre le temps de cuisiner sainement.
- Réorganiser sa maison pour la rendre plus apaisante (minimalisme, feng shui).

3. S'investir dans des activités sociales

- Faire du bénévolat dans une association locale.
- Passer du temps de qualité avec des proches ou renouer avec des amis.
- Participer à des clubs ou des ateliers pour rencontrer de nouvelles personnes.

Exemple concret : Amélie, 26 ans

Amélie, consultante en marketing, a choisi de passer **6 mois chez elle** après un épuisement professionnel. Elle s'est fixé trois objectifs : **reprendre le sport**, finir les livres qu'elle avait accumulés et apprendre la peinture à l'aquarelle. Chaque jour, Amélie organisait sa journée comme un rituel : une heure de sport le matin, du temps pour peindre l'après-midi, et des promenades le soir pour redécouvrir sa ville. À la fin de sa micro-retraite, elle se sentait **plus sereine, plus équilibrée et reconnectée à elle-même.**

En résumé : Que vous choisissiez de voyager ou de rester chez vous, le micro retirement offre une **liberté unique** pour repenser votre quotidien. Il ne s'agit pas de "ne rien faire", mais de **faire autrement** : explorer, ralentir, et surtout, prendre soin de vous.

Se lancer dans un projet personnel : bénévolat, apprentissage, création artistique, etc.

La micro-retraite offre un espace-temps précieux pour donner vie à des **projets personnels** souvent mis de côté par manque de temps ou d'énergie. Loin d'être une simple pause, c'est un moment pour **explorer ses passions, tester de nouvelles activités et acquérir des compétences** qui enrichissent autant la vie personnelle que professionnelle.

1. Le bénévolat : s'engager pour une cause qui a du sens

Donner de son temps aux autres est l'une des manières les plus gratifiantes de vivre une micro-retraite. Que ce soit dans votre ville ou à l'autre bout du monde, le bénévolat permet de :

- **Créer de l'impact positif** : Participer à un projet humanitaire, éducatif ou environnemental.
- **Apprendre des compétences nouvelles** : Gestion de projet, communication, ou organisation logistique.
- **Découvrir des cultures et des réalités différentes** : Une expérience humaine qui élargit vos perspectives.

Exemple concret : Clément, 25 ans, a pris 6 mois de pause pour rejoindre une ONG en Afrique de l'Ouest, où il a enseigné l'anglais à des enfants. "J'ai pris conscience que j'avais des compétences que je pouvais transmettre, et cela m'a apporté une immense satisfaction. À mon retour, j'ai repris mes études pour devenir enseignant."

2. Apprendre une nouvelle compétence : investir en soi

Votre micro-retraite est le moment idéal pour vous lancer dans un apprentissage qui vous passionne :

- **Cours en ligne** : Programmation, design, photographie, langues étrangères… les plateformes comme Coursera, Udemy ou Skillshare rendent l'apprentissage accessible et flexible.
- **Formations pratiques** : Participer à des ateliers de cuisine, de menuiserie ou de poterie.
- **Acquérir une certification** : Yoga, coaching ou même une spécialisation professionnelle pour booster votre carrière.

Exemple concret : Julie, 28 ans, a utilisé sa pause de 4 mois pour suivre des cours en ligne sur l'investissement boursier. "C'était un sujet qui m'intéressait depuis longtemps. J'ai non seulement appris à gérer mes finances, mais j'ai aussi lancé un blog pour partager mes connaissances avec d'autres jeunes."

3. La création artistique : donner libre cours à son imagination

Beaucoup de jeunes profitent de leur micro-retraite pour explorer leur **côté créatif**. La peinture, l'écriture, la musique ou la photographie sont autant de moyens d'expression qui permettent de :

- **Se reconnecter à soi-même** : La création artistique favorise l'introspection et le lâcher-prise.
- **Apaiser le mental** : Créer est une forme de méditation active.
- **Se découvrir des talents cachés** : Parfois, une passion devient même un nouveau projet professionnel.

Exemple concret : Samuel, 30 ans, travaillait dans une agence de publicité lorsqu'il a décidé de prendre 6 mois pour écrire un roman. "Je n'avais jamais osé me lancer. Cette pause m'a permis de m'y consacrer pleinement, sans distraction. J'ai auto-publié mon livre, et je suis fier d'avoir réalisé ce rêve."

Focus santé mentale : soins, thérapies ou méditation pour se retrouver

La micro-retraite est aussi une opportunité pour prendre soin de **sa santé mentale**, souvent négligée face aux exigences du quotidien. Une pause bien utilisée peut aider à surmonter un **burn-out**, réduire l'anxiété ou simplement retrouver une sérénité intérieure.

1. La thérapie ou le coaching personnel

Prendre le temps de consulter un professionnel de la santé mentale est parfois essentiel pour :

- **Dépasser ses blocages** : Identifiez ce qui vous épuise ou vous limite.
- **Explorer vos valeurs profondes** : Comprendre ce qui vous motive réellement.
- **Redéfinir vos objectifs** : Apprendre à mieux équilibrer vos priorités.

Exemple concret : Lina, 27 ans, sentait une lassitude profonde dans sa vie professionnelle. Pendant sa micro-retraite, elle a suivi une thérapie qui l'a aidée à comprendre ses besoins. "J'ai appris à poser des limites dans mon travail et à identifier ce qui me procure réellement de la satisfaction."

2. La méditation et le yoga : des outils pour se recentrer

De plus en plus populaires, la **méditation** et le **yoga** offrent des moyens concrets de **ralentir** et de **se reconnecter à l'instant présent**. Vous pouvez :

- Participer à une **retraite silencieuse** ou un stage de méditation.
- Suivre des cours de yoga dans un centre ou depuis chez vous avec des vidéos en ligne.
- Pratiquer des exercices de **pleine conscience** pour réduire le stress quotidien.

Exemple concret : Karim, 29 ans, a passé deux semaines dans un centre de méditation Vipassana. "Les premiers jours étaient difficiles, mais j'ai appris à calmer mon esprit. Depuis, je médite chaque jour et je suis beaucoup plus serein au travail."

3. Prendre soin de soi à travers des routines simples

Pas besoin de partir loin pour améliorer sa santé mentale : une pause chez soi peut être l'occasion de prendre soin de vous avec des routines bien-être :

- Instaurer un rituel de **lecture quotidienne**.
- Marcher dans la nature pour oxygéner son esprit.
- Faire des séances régulières de **respiration profonde** pour réduire le stress.

Cas pratiques : Témoignages de jeunes ayant expérimenté différentes formes de micro-retraite

Pour illustrer la diversité des micro-retraites, voici trois cas concrets :

1. Sophie, 26 ans – Une pause pour se reconstruire

Sophie, jeune consultante en entreprise, a frôlé le **burn-out** après trois ans de pression constante. Elle a pris 6 mois pour se consacrer à la méditation, au sport et à des lectures inspirantes. Résultat : "J'ai réappris à m'écouter et à ralentir. J'ai aussi trouvé un nouveau poste dans une entreprise qui partage mes valeurs."

2. Lucas, 30 ans – Voyager et apprendre

Lucas a utilisé sa micro-retraite pour voyager en Amérique du Sud tout en suivant des cours d'espagnol. "J'ai combiné l'aventure et l'apprentissage. Aujourd'hui, je travaille avec des clients hispanophones, et mon voyage m'a ouvert de nouvelles opportunités professionnelles."

3. Clara, 28 ans – S'investir pour les autres

Clara a choisi de faire du bénévolat dans une ferme écologique pendant 4 mois. "J'ai appris à vivre plus simplement et à respecter mon rythme naturel. Cette expérience m'a donné envie de travailler sur des projets liés au développement durable."

Conclusion de ce chapitre

La micro-retraite ne suit pas un modèle unique : qu'il s'agisse de **voyager**, de lancer un projet personnel, de se consacrer à sa santé mentale ou d'explorer sa créativité, elle permet de **se retrouver** et d'enrichir sa vie. Les témoignages montrent qu'une pause bien utilisée peut non seulement prévenir l'épuisement, mais aussi offrir des **opportunités inattendues**.

Dans le prochain chapitre, nous verrons **comment planifier concrètement votre micro-retraite**, de l'établissement d'un budget à la mise en place d'objectifs clairs pour en tirer le meilleur parti.

Chapitre 4 : Comment planifier sa micro-retraite ?

Les bases d'une bonne organisation : étapes clés pour réussir

Prendre une **micro-retraite** ne s'improvise pas. Pour qu'elle soit un moment réellement bénéfique et non source de stress ou de désillusion, il est essentiel de **bien la planifier**. Qu'il s'agisse d'un voyage autour du monde, d'un projet personnel ou d'une pause chez soi, une organisation rigoureuse vous permettra de **profiter pleinement** de cette parenthèse. Voici les **étapes clés** pour réussir votre micro-retraite.

---

1. Définir vos objectifs : Pourquoi prendre une micro-retraite ?

Avant de vous lancer, la première question à vous poser est **"Pourquoi ai-je besoin de cette pause ?"**. Chaque micro-retraite a un objectif propre, qui dépend de votre situation personnelle et professionnelle. Prenez le temps d'identifier clairement ce que vous souhaitez accomplir. Cela vous aidera à :

- Mieux organiser votre temps.
- Choisir les activités ou destinations qui vous correspondent.
- Donner du sens à votre pause pour qu'elle soit enrichissante.

Voici quelques exemples d'objectifs courants :

- **Vous reposer et vous ressourcer** après une période de stress intense.
- **Voyager** pour découvrir de nouvelles cultures et sortir de votre quotidien.
- **Acquérir de nouvelles compétences** : suivre une formation, écrire un livre, apprendre une langue.
- **Vous reconnecter à vos passions** ou expérimenter des activités créatives.
- **Prendre du recul sur votre carrière** pour réfléchir à vos ambitions professionnelles.

Astuce pratique : Écrivez vos objectifs dans un carnet ou une note digitale. Visualisez ce que vous souhaitez accomplir et gardez cela en tête tout au long de votre micro-retraite.

2. Évaluer la durée idéale pour votre micro-retraite

La durée de votre micro-retraite dépend de vos objectifs, de vos finances et de vos contraintes personnelles. Il est important de trouver **le juste équilibre** :

- Une durée trop courte risque de ne pas suffire pour réellement déconnecter et vous ressourcer.
- Une durée trop longue peut entraîner des difficultés à revenir à la vie active.

Durées possibles et objectifs adaptés :

- **1 à 3 mois** : Parfait pour une pause chez soi, une retraite en immersion culturelle ou un projet artistique.
- **6 mois** : Idéal pour un voyage longue durée, une formation approfondie ou un projet structuré (écriture, apprentissage).

- **1 an** : Pour des projets d'envergure, comme un tour du monde, une certification professionnelle ou un engagement bénévole important.

Exemple concret : Si votre objectif est de prendre du recul après un épuisement professionnel, 3 mois peuvent suffire pour vous ressourcer et retrouver de l'énergie. En revanche, si vous souhaitez réaliser un projet comme l'écriture d'un livre ou apprendre une nouvelle langue, il est préférable de prévoir **6 mois à 1 an** pour des résultats tangibles.

---

3. Estimer et préparer son budget : la clé d'une micro-retraite sereine

La question financière est souvent ce qui freine le plus les candidats à la micro-retraite. Pourtant, avec une planification précise, il est tout à fait possible de financer cette pause sans compromettre sa stabilité.

Les étapes pour construire votre budget

1. **Évaluez vos dépenses mensuelles habituelles** :
   - Loyer ou crédit immobilier.
   - Factures (électricité, internet, téléphone).
   - Alimentation, transport, assurances.
2. **Ajoutez les dépenses spécifiques à votre micro-retraite** :
   - Si vous partez voyager : billets d'avion, hébergements, repas, activités.
   - Si vous restez chez vous : cours, matériel pour un projet personnel, frais de santé.

3. **Prévoyez une marge de sécurité** : Ajoutez entre **20 et 40 %** à votre budget pour anticiper les imprévus. Par exemple, une dépense médicale, un retour anticipé ou des frais supplémentaires liés à votre projet.
4. **Identifiez vos sources de financement** :
    - Épargne personnelle (compte épargne, plan d'épargne entreprise).
    - Revenus passifs (placements financiers, location d'un bien).
    - Primes exceptionnelles ou congés payés accumulés.
    - Réduction de vos dépenses : sous-louer votre logement, voyager avec un budget minimaliste.

Exemple de budget simple pour un voyage de 6 mois :

Dépenses	Montant (€)
Billets d'avion	1 000 €
Hébergement (300 €/mois)	1 800 €
Nourriture (200 €/mois)	1 200 €
Activités et excursions	1 000 €
Imprévus	1 000 €
Total	**6 000 €**

4. Informer son entourage et anticiper le retour

Prendre une micro-retraite nécessite souvent de **négocier une pause avec son employeur** ou d'organiser votre départ si vous êtes freelance ou indépendant. Voici comment procéder :

- **Avec votre employeur** : Présentez votre projet sous un angle positif. Montrez que cette pause sera bénéfique pour votre productivité, votre motivation et vos compétences. Utilisez des congés sabbatiques, des congés sans solde ou un temps partiel temporaire.
- **Pour les indépendants** : Prévenez vos clients bien à l'avance, terminez vos projets en cours, et proposez des solutions de transition (déléguer temporairement ou organiser des suivis limités).
- **Avec vos proches** : Parlez de votre projet pour obtenir leur soutien. Une pause bien préparée rassurera votre entourage sur votre capacité à gérer cette période.

Anticiper **le retour** est également crucial :

- Fixez une date de reprise claire pour vous et vos partenaires professionnels.
- Prévoyez un petit **filet de sécurité financier** pour gérer les premiers mois après votre retour.

Planifier sa micro-retraite demande du **temps, de la réflexion et de l'anticipation**, mais chaque étape vous rapproche de ce moment unique pour vous retrouver, explorer et grandir. Définir vos objectifs, choisir la durée idéale, budgétiser votre pause et organiser votre départ sont les piliers d'une micro-retraite réussie.

Dans la prochaine section, nous verrons en détail **comment construire un budget réaliste** et quelles stratégies adopter pour financer votre micro-retraite sans stress.

L'une des clés du succès d'une **micro-retraite** est la **gestion financière**. Un budget bien construit vous permet de profiter sereinement de votre pause sans stress ni mauvaises surprises. L'objectif est simple : savoir combien vous devez économiser, comment vous pouvez ajuster vos dépenses et surtout anticiper les **imprévus**. Voici comment construire un budget **réaliste et adapté**.

---

1. Évaluer ses besoins : lister toutes les dépenses fixes et variables

La première étape pour bâtir un budget réaliste consiste à **faire l'inventaire de vos besoins financiers**. Cela inclut à la fois les dépenses habituelles (loyer, factures) et les nouvelles dépenses liées à votre micro-retraite (voyage, formation, etc.).

a) Vos dépenses habituelles : ce que vous continuez à payer

Certaines charges restent fixes même si vous prenez une pause :

- **Loyer ou prêt immobilier** : Si vous ne pouvez pas sous-louer ou suspendre ces frais, intégrez-les dans votre budget.
- **Factures essentielles** : Électricité, eau, téléphone, internet, abonnements divers (Netflix, Spotify, etc.).
- **Assurances** : Habitation, voiture, santé (prévoyez une assurance adaptée si vous voyagez).
- **Courses alimentaires** : Si vous restez chez vous, conservez un budget réaliste. Pour les voyages, évaluez les coûts alimentaires selon les pays (certains endroits comme l'Asie du Sud-Est sont très abordables).

b) Les nouvelles dépenses liées à la micro-retraite

Selon votre projet, il faudra inclure des coûts spécifiques. Voici les principaux postes :

- **Transport** :
  - Billets d'avion ou de train.
  - Déplacements locaux (bus, métro, location de voiture).
- **Hébergement** :
  - Location d'appartements, auberges, hôtels ou van aménagé.
  - Si vous restez chez vous, éventuellement des rénovations pour améliorer votre confort.
- **Loisirs et activités** :
  - Sorties culturelles, cours (danse, yoga, langues), activités touristiques.
- **Formation ou matériel** :
  - Frais de cours en ligne, achat d'outils créatifs (peinture, instruments de musique).
- **Santé** :
  - Une consultation thérapeutique, des soins préventifs ou une assurance médicale supplémentaire si vous voyagez.

Postes de dépenses	Montant estimé (€)
Loyer sous-loué (ou annulé)	0 €
Hébergement (Airbnb/hostel)	400 €
Nourriture	250 €
Transports (vols/locaux)	300 €
Activités/loisirs	200 €
Assurance santé	50 €
Total mensuel	**1 200 €**

Sur **6 mois**, ce budget revient à environ **7 200 €**. Bien sûr, vous pouvez adapter ce chiffre en fonction de votre style de vie :

- Voyager en mode **minimaliste** (couchsurfing, bénévolat, repas locaux) peut réduire ce montant de moitié.
- Pour plus de confort, prévoyez une marge supplémentaire (voir ci-dessous).

2. Prévoir les imprévus : la marge de sécurité indispensable

Même avec la meilleure des planifications, des **imprévus financiers** peuvent survenir : un billet d'avion annulé, un problème de santé, un changement de plan, ou tout simplement une envie spontanée de prolonger une expérience inattendue. Une micro-retraite sereine repose donc sur l'**anticipation de ces aléas**.

a) La règle de la marge de sécurité (20-40 %)

Ajoutez systématiquement **20 à 40 %** de marge à votre budget initial pour couvrir les imprévus. Cette marge garantit que vous n'aurez pas à vous inquiéter si :

- Un logement coûte plus cher que prévu.
- Une activité immanquable vous fait dépenser plus.
- Des frais médicaux ou d'assurance apparaissent.

Exemple pratique :

Si votre budget initial pour 6 mois est de **7 200 €**, voici les marges recommandées :

- **20 % de marge** : 7 200 € + 1 440 € = **8 640 €** au total.
- **40 % de marge** : 7 200 € + 2 880 € = **10 080 €** au total.

La bonne nouvelle ? Si vous n'utilisez pas votre marge de sécurité, elle pourra servir à financer vos **prochains projets** ou faciliter votre retour à la réalité.

1. **Établissez un suivi précis** : Utilisez des applications comme **Mint, YNAB (You Need a Budget)** ou même un tableau Excel pour suivre vos dépenses au jour le jour.
2. **Anticipez les économies** :
   - Sous-louez votre appartement pour couvrir vos frais fixes.
   - Optez pour des solutions de transport économique (billets en promo, pass interrail, etc.).
3. **Réduisez vos frais mensuels avant de partir** : Résiliez les abonnements non essentiels (streaming, salle de sport) ou suspendez certaines assurances.
4. **Planifiez vos dépenses principales** : Réservez les gros postes à l'avance, comme les billets d'avion ou les logements, pour bénéficier des meilleurs tarifs.
5. **Prévoyez un plan B** : Gardez toujours un accès à un fonds d'urgence ou à un revenu passif pour parer aux imprévus les plus importants.

---

3. Exemple concret : Élise, une micro-retraite réussie grâce à la planification

Élise, 29 ans, souhaitait faire un **tour d'Europe en train pendant 3 mois** pour ralentir et explorer les villes qui la faisaient rêver. Voici comment elle a planifié son budget :

- **Budget initial** : 3 000 € (1 000 €/mois) pour les billets de train, logements en auberge et repas locaux.
- **Marge de sécurité** : 20 % de plus, soit 600 €.
- **Total économisé** : 3 600 €.

En cours de route, un imprévu survient : une journée de retard sur un trajet et des frais d'hôtel supplémentaires. Grâce à sa marge de sécurité, **Élise a pu gérer cet aléa sans stress** et profiter pleinement de son aventure.

Construire un budget réaliste pour une micro-retraite repose sur deux piliers : **l'évaluation précise de vos besoins** et **l'anticipation des imprévus**. En ajoutant une marge de sécurité, vous vous offrez une tranquillité d'esprit pour vivre cette pause sans pression financière.

Dans la prochaine section, nous verrons comment **financer concrètement votre micro-retraite** avec des solutions créatives et accessibles pour tous les budgets.

Méthodes pour financer sa pause

Financer une micro-retraite peut sembler intimidant au premier abord, mais il existe de nombreuses méthodes pour réunir la somme nécessaire, même avec un budget modeste. Avec un peu de **préparation, de créativité et d'anticipation**, il est tout à fait possible d'organiser une pause stratégique sans compromettre votre stabilité financière. Voici plusieurs solutions pour financer votre projet.

---

1. Épargne progressive : la méthode classique mais efficace

L'épargne progressive est la méthode la plus accessible et fiable pour financer une micro-retraite. L'idée est simple : mettre de l'argent de côté de manière **régulière** et **disciplinée** jusqu'à atteindre votre objectif.

a) Définir un objectif d'épargne

- **Estimez le coût total** de votre micro-retraite, incluant la marge de sécurité (voir partie précédente).
- Divisez cette somme par le **nombre de mois** restants avant le début de votre pause.

Exemple :
Si votre projet coûte **6 000 €** et que vous avez **12 mois** pour préparer votre pause :

- 6 000 € ÷ 12 mois = **500 € d'épargne par mois**.

b) Adopter des stratégies d'épargne simples mais efficaces

- **La règle des 50/30/20** : Allouez 50 % de vos revenus aux besoins essentiels (loyer, factures), 30 % aux loisirs et 20 % à votre épargne micro-retraite.
- **Automatisez votre épargne** : Configurez un virement automatique vers un compte dédié chaque mois dès que vous recevez votre salaire.
- **Challengez vos dépenses** :
    o Supprimez les abonnements inutilisés.
    o Réduisez les sorties coûteuses en privilégiant des activités gratuites ou moins chères.
    o Cuisinez davantage à la maison pour éviter les repas à l'extérieur.

Profitez de revenus exceptionnels pour accélérer votre épargne :

- Primes professionnelles.
- Cadeaux d'argent (anniversaire, fêtes).
- Revente d'objets non utilisés (vêtements, meubles, électroniques) via des plateformes comme **Vinted** ou **LeBonCoin**.

---

2. Solutions créatives : vivre minimaliste, sous-louer ou partager un logement

Quand on parle de financer une pause, il est important d'optimiser son **style de vie** pour réduire les coûts. Voici quelques solutions créatives qui peuvent libérer des ressources financières :

a) Adopter un style de vie minimaliste

Le minimalisme consiste à vivre avec **moins**, tout en gagnant en qualité de vie. En adoptant cette approche, vous pouvez :

- Réduire vos dépenses courantes (moins de shopping, d'abonnements ou de sorties inutiles).
- Revendre des objets superflus pour constituer une **cagnotte rapide**.
- Apprendre à consommer de manière plus réfléchie et durable.

Exemple : Léa, 26 ans, a économisé 4 000 € en un an simplement en revendant des vêtements et des meubles inutilisés, tout en adoptant une routine minimaliste basée sur la simplicité. "J'ai pris conscience de ce qui compte vraiment. Mon argent finance désormais des expériences, pas des objets."

b) Sous-louer votre logement

Si vous êtes locataire ou propriétaire, sous-louer votre logement pendant votre micro-retraite peut couvrir une grande partie de vos charges fixes (loyer, prêt immobilier).

- **Sous-louer temporairement** : Vous pouvez proposer votre appartement sur des plateformes comme **Airbnb** ou trouver un locataire temporaire.
- **Loger chez des proches** : Si vous restez dans votre ville, réduire vos frais en déménageant temporairement chez des amis ou de la famille est une solution économique.

Exemple : Pierre, 29 ans, a sous-loué son appartement parisien pendant 6 mois pour partir en Amérique latine. Les revenus générés ont financé près de 50 % de son voyage.

c) Partager un logement

Si vous restez chez vous pendant votre micro-retraite, envisagez la **colocation** pour réduire vos frais. Cette solution est particulièrement adaptée aux grandes villes où le coût du logement est élevé.

- Partager son espace permet de diviser le loyer, les factures et même certains frais comme les courses.

- De plus, cela peut créer des **interactions sociales enrichissantes** pendant votre pause.

---

3. Optimiser son travail actuel : primes, heures supplémentaires et négociation

Votre emploi actuel peut devenir un levier pour financer votre micro-retraite. Voici comment exploiter les ressources disponibles sans compromettre vos engagements professionnels.

a) Profiter des primes professionnelles

Certaines entreprises offrent des **primes de performance, des bonus annuels ou des intéressements**. Plutôt que de dépenser ces sommes immédiatement, mettez-les de côté pour votre micro-retraite.

Astuce : Si votre entreprise propose un plan d'épargne salariale (PEE, PERCO), pensez à en profiter pour bénéficier d'une fiscalité avantageuse et d'un potentiel de rendement supplémentaire.

b) Effectuer des heures supplémentaires

Si votre rythme de vie le permet, les **heures supplémentaires** peuvent constituer une source d'épargne rapide et ponctuelle. Proposez-vous pour des projets supplémentaires ou des périodes de travail plus intensives, avec un objectif clair en tête : financer votre pause.

Exemple concret : Claire, 27 ans, employée dans une agence de communication, a accepté de gérer un projet supplémentaire pendant 6 mois. Les heures supplémentaires lui ont permis d'économiser 2 500 €, qu'elle a utilisés pour financer sa formation en graphisme.

Si vous avez un bon rapport avec votre employeur, il est tout à fait possible de négocier une **pause temporaire** :

- Le **congé sabbatique** est une option prévue par le Code du travail pour les salariés ayant une ancienneté d'au moins 3 ans. Bien qu'il ne soit pas rémunéré, il vous garantit de retrouver votre poste à votre retour.
- Une **pause sans solde** peut également être négociée pour quelques mois. Présentez votre projet de manière positive : montrez que cette pause sera l'occasion de revenir **plus motivé, plus créatif et plus productif.**

Financer votre micro-retraite est à votre portée

Que ce soit par une épargne progressive, des solutions créatives comme la sous-location, ou une optimisation de votre emploi actuel, les méthodes pour financer une micro-retraite sont nombreuses et adaptables à toutes les situations. Ce projet n'est pas réservé aux privilégiés : avec de la discipline, de la créativité et une bonne organisation, **vous pouvez transformer ce rêve en réalité.**

Dans la prochaine partie, nous aborderons comment **établir un calendrier précis** pour préparer votre pause sereinement, en intégrant chaque étape clé jusqu'au jour du départ.

Outils pratiques : Tableaux de budget, listes de contrôle, et conseils pour économiser

Une micro-retraite réussie repose sur une **préparation rigoureuse**. Pour vous aider à organiser vos finances, suivre vos progrès et éviter les oublis, voici des **outils pratiques** et des conseils concrets pour **planifier sereinement votre pause**. Que vous soyez un adepte des feuilles Excel ou un utilisateur d'applications intuitives, ces ressources vous permettront de rester **organisé et motivé**.

1. Le tableau de budget : votre feuille de route financière

Un tableau de budget est un outil indispensable pour planifier vos dépenses, suivre vos économies et anticiper vos besoins. Voici comment le structurer pour une micro-retraite :

Catégorie	Estimation (€)	Dépenses réelles (€)	Commentaire
Charges fixes			
Loyer/prêt immobilier	500 €		À réduire via sous-location

Catégorie	Estimation (€)	Dépenses réelles (€)	Commentaire
Factures (électricité, etc.)	100 €		Inclure abonnements suspendus
Assurance santé/voyage	50 €		
Dépenses liées au projet			
Transport (billets avion)	1 000 €		Réservation anticipée conseillée
Hébergement	1 500 €		AirBnb/hostel ou alternatives
Nourriture	1 200 €		Budget ajustable
Activités/loisirs	1 000 €		Inclure imprévus et visites
Formation ou matériel	300 €		Cours, outils créatifs
Imprévus (20-40 %)	1 000 €		Inclut incidents et bonus
Total	**6 650 €**		

Comment l'utiliser :

- Remplissez les estimations avant votre départ.
- Mettez à jour vos dépenses réelles pendant votre micro-retraite pour contrôler vos finances.
- Ajoutez une colonne "Commentaire" pour noter des astuces ou ajustements à prévoir.

---

2. La liste de contrôle : ne rien oublier avant de partir

Une liste de contrôle (checklist) vous permet de rester **organisé** pendant la préparation de votre micro-retraite. Voici les points essentiels à inclure :

3 à 6 mois avant le départ

☑ Définir vos objectifs de micro-retraite.

☑ Établir un budget détaillé avec une marge de sécurité.

☑ Négocier votre congé (sabbatique ou sans solde) avec votre employeur.

☑ Rechercher des options d'hébergement et de transport (réservation anticipée).

☑ Souscrire une assurance santé adaptée si vous voyagez.

☑ Commencer à économiser : automatiser un virement mensuel vers un compte dédié.

1 à 2 mois avant le départ

☑ Finaliser les réservations majeures : billets d'avion, logements.

☑ Vérifier les visas ou documents nécessaires si vous

voyagez à l'étranger.

✓ Organiser vos finances : résilier ou suspendre les abonnements inutiles.

✓ Sous-louer votre logement (si applicable).

✓ Faire un tri dans vos affaires pour vendre ou stocker ce dont vous n'avez pas besoin.

✓ Acheter les équipements nécessaires (sac à dos, matériel de cours, etc.).

Dernières semaines avant le départ

✓ Préparer un fonds d'urgence (accessible en cas de besoin).

✓ Lister les contacts utiles (banque, assurance, proches).

✓ Informer votre entourage et vos clients (si freelance).

✓ Configurer vos comptes bancaires pour gérer les paiements à distance.

✓ Scanner tous vos documents importants (passeport, assurances) et les stocker en ligne.

---

3. Conseils pour économiser efficacement avant votre micro-retraite

Épargner pour une micro-retraite nécessite **discipline et créativité**. Voici quelques astuces pratiques pour booster vos économies sans vous priver excessivement :

a) Pratiquez la règle des 30 jours

- Si vous êtes tenté par un achat non essentiel, attendez **30 jours** avant de prendre votre décision. Dans la majorité des cas, l'envie disparaîtra. Cet exercice est idéal pour freiner les dépenses impulsives.

b) Réduisez les abonnements inutiles

- Passez en revue vos abonnements mensuels (streaming, salle de sport, applications). Annulez ceux que vous n'utilisez pas fréquemment et optez pour des alternatives gratuites (YouTube pour le fitness, par exemple).

c) Optez pour des activités économiques

- **Sorties locales** : Privilégiez les musées gratuits, les parcs ou les événements culturels peu coûteux.
- **Loisirs DIY** : Évitez les dépenses pour des loisirs coûteux. Cuisine maison, bricolage ou lecture peuvent devenir des sources de plaisir enrichissantes.

d) Automatisez vos économies

- Programmez un **virement automatique** vers un compte d'épargne dédié. Même une petite somme chaque mois (50 € à 100 €) peut faire une grande différence sur un an.

e) Fixez des défis d'épargne

- Testez des méthodes ludiques comme :
    - Le **challenge des 52 semaines** : économisez 1 € la première semaine, 2 € la deuxième, et ainsi de suite. À la fin de l'année, vous aurez **1 378 €**.
    - Le **challenge des dépenses nulles** : choisissez un mois où vous n'achetez que l'essentiel (nourriture, loyer) et mettez le reste de côté.

- Applications comme **Revolut, N26 ou Plum** qui arrondissent chaque paiement à l'euro supérieur et placent la différence dans une épargne automatique. Une méthode discrète mais efficace pour économiser sans effort.

4. Les outils digitaux pour rester organisé

Voici quelques outils pratiques pour simplifier votre planification :

1. **Applications de budget** :
   - **Mint** (suivi des dépenses et budget automatisé).
   - **YNAB (You Need a Budget)** : idéal pour une gestion proactive.
   - **Bankin'** ou **Linxo** pour suivre vos comptes en France.
2. **Outils d'organisation** :
   - **Trello** ou **Notion** pour organiser vos listes de tâches et vos étapes clés.
   - **Google Sheets** ou **Excel** pour suivre vos finances.
3. **Planification de voyage** :
   - **Skyscanner** pour les billets d'avion à bas prix.
   - **Booking.com** et **Airbnb** pour l'hébergement.
   - **Rome2Rio** pour planifier vos déplacements entre différentes destinations.

Préparez, suivez, économisez

Construire un budget, établir des listes de contrôle et suivre vos progrès avec des outils pratiques vous assure une **micro-retraite organisée et sereine**. En adoptant des méthodes d'épargne efficaces et en réduisant vos dépenses, vous réaliserez que financer une pause stratégique est **à la portée de chacun**.

Dans le prochain chapitre, nous explorerons les **défis et les risques** d'une micro-retraite, ainsi que les solutions pour anticiper votre retour au travail et maximiser les bénéfices de votre pause.

Chapitre 5 : Les défis et les limites du micro retirement

Prendre une micro-retraite est une aventure exaltante : elle vous permet de souffler, de vous reconnecter à vous-même et d'explorer des horizons nouveaux. Mais après plusieurs mois loin du bureau ou de vos responsabilités professionnelles, le **retour à la réalité** peut s'avérer plus difficile que prévu. Comment anticiper cette étape pour qu'elle soit fluide, positive et sans stress ? Voici des stratégies concrètes pour préparer ce **come-back** et en tirer tous les bénéfices.

---

1. Comprendre le "choc du retour" : pourquoi est-ce difficile ?

Après une période de liberté et de découverte, revenir dans un environnement structuré peut générer un véritable **choc émotionnel**. Ce sentiment, souvent décrit comme un **"syndrome post-pause"**, survient pour plusieurs raisons :

- **La perte de liberté** : Vous passez d'un rythme flexible et inspirant à des journées cadrées par des horaires fixes et des impératifs.
- **La pression sociale et professionnelle** : Certaines personnes de votre entourage peuvent ne pas

comprendre votre choix, ce qui crée une **pression supplémentaire** pour "rattraper le temps perdu".

- **La peur d'être en décalage** : Vos collègues, clients ou collaborateurs ont continué d'avancer, tandis que vous avez pris du recul. Vous pouvez ressentir une forme d'**insécurité** ou un sentiment de déconnexion temporaire.

Il est important de comprendre que ces sensations sont **normales**. Reprendre le travail demande une **phase d'adaptation**, tout comme partir en micro-retraite a demandé une phase de préparation.

---

2. Préparer un plan de réintégration professionnelle

Pour faciliter votre retour, une bonne préparation est essentielle. Voici comment anticiper ce moment avec efficacité :

a) Maintenir un lien avec votre secteur pendant la pause

Même en micro-retraite, il est utile de rester **informé des grandes tendances** de votre secteur d'activité. Cela vous permettra de revenir avec un esprit à jour et de ne pas avoir l'impression d'être complètement déconnecté.

- **Suivez l'actualité professionnelle** : Continuez à lire des articles, des newsletters ou des blogs liés à votre métier.
- **Réseau social professionnel** : Maintenez un œil discret sur LinkedIn pour rester connecté avec vos collègues et les évolutions du secteur.

- **Formation légère** : Si votre pause inclut une période d'apprentissage (comme une nouvelle compétence), elle peut vous permettre de revenir avec un **atout professionnel supplémentaire**.

Anticiper votre reprise dès la phase de planification de votre micro-retraite permet de mieux vous projeter :

- **Fixez une date précise** de retour pour structurer votre pause et éviter de la prolonger indéfiniment.
- **Établissez un plan clair avec votre employeur** si vous êtes salarié :
    - Confirmez votre poste ou vos nouvelles missions avant de partir.
    - Discutez de la possibilité d'une réintégration progressive (par exemple, commencer en temps partiel pour retrouver vos marques).
- **Pour les indépendants** : Prévoyez des actions concrètes pour relancer votre activité, comme des relances clients, la mise à jour de votre portfolio ou un plan de prospection.

Un retour réussi passe aussi par la capacité à **valoriser les bénéfices de votre pause**. Contrairement à une idée reçue, une micro-retraite n'est pas une "coupure", mais un **investissement personnel et professionnel**. Voici comment mettre en avant cette expérience :

- **Les soft skills développées** : patience, autonomie, capacité à s'adapter à des environnements nouveaux, créativité renouvelée… Autant de compétences recherchées par les employeurs.
- **Les nouvelles connaissances** : Si vous avez suivi une formation, travaillé sur un projet personnel ou appris une nouvelle langue, cela peut renforcer votre profil professionnel.
- **L'impact positif** sur votre mental et votre énergie : Vous revenez plus motivé, plus créatif et mieux aligné avec vos objectifs. C'est un argument à présenter clairement à votre employeur ou à vos clients.

Exemple concret : Paul, 32 ans, chef de projet, a pris une pause de 6 mois pour voyager et s'engager dans du bénévolat en Amérique centrale. À son retour, il a présenté cette expérience lors de ses entretiens d'embauche : *"Cette pause m'a permis de développer ma capacité à m'adapter rapidement et à gérer des projets dans un environnement multiculturel. J'ai aussi appris l'espagnol, ce qui est un atout pour travailler avec des partenaires internationaux."*

3. Adopter une transition en douceur

Un retour brutal peut accentuer le stress. Pour éviter cela, il est judicieux de prévoir une **réintégration progressive** à votre rythme :

- **Phase d'observation** : Prenez le temps de comprendre les nouvelles dynamiques au bureau ou sur vos projets. Identifiez les évolutions clés et les nouvelles priorités.
- **Fixez-vous des petits objectifs** : Ne vous mettez pas la pression pour être immédiatement "à 100 %". Laissez-

vous quelques semaines pour reprendre vos marques et gagner en efficacité.

- **Organisez votre première semaine** : Planifiez des journées équilibrées pour ne pas vous sentir submergé. Prévoyez du temps pour des tâches simples et concrètes afin de **retrouver de la confiance**.

4. Accepter le changement et la nouvelle perspective

Votre micro-retraite vous a transformé. Vous avez peut-être changé votre rapport au travail, vos priorités ou votre vision de la réussite. Il est donc possible que vous ressentiez un **décalage** avec votre ancien environnement ou votre poste. Voici comment gérer cette phase :

- **Soyez ouvert au changement** : Si votre ancienne routine ne vous convient plus, utilisez ce retour pour ajuster ce qui ne fonctionne pas (horaires, équilibre pro-perso, nouvelles missions).
- **Exprimez vos besoins** : Si vous souhaitez plus de flexibilité ou de sens dans votre travail, n'hésitez pas à en discuter avec vos supérieurs ou vos clients.
- **Écoutez-vous** : Parfois, la micro-retraite révèle de nouvelles aspirations. Si vous ressentez le besoin d'un changement plus profond (nouveau poste, nouvelle carrière), voyez cette expérience comme **une opportunité** d'évoluer.

Exemple : Clara, 29 ans, est revenue de sa micro-retraite avec la certitude qu'elle ne voulait plus travailler dans un environnement trop rigide. Elle a négocié un passage en télétravail partiel et s'est orientée vers un poste qui valorise davantage sa créativité.

Le retour à la réalité après une micro-retraite peut être **délicat**, mais avec une bonne préparation, il devient une étape positive pour votre vie personnelle et professionnelle. En anticipant ce moment, en valorisant les bénéfices de votre pause et en adoptant une transition en douceur, vous reviendrez **plus confiant, plus motivé et plus aligné** avec vos objectifs.

Dans la prochaine section, nous aborderons **les risques financiers et sociaux** liés au micro retirement et les stratégies pour minimiser ces défis tout en profitant pleinement de votre pause.

Les préjugés et la pression sociale : comment gérer l'incompréhension de son entourage ?

Prendre une micro-retraite est une décision qui s'écarte des conventions traditionnelles. Si le concept est de plus en plus accepté chez les jeunes générations, il reste souvent **mal compris par l'entourage** : famille, amis, collègues ou employeurs. Certains y voient un luxe inaccessible, une "fuite" ou même une perte de temps. Comment faire face à ces **jugements** tout en restant fidèle à votre choix de vie ? Voici des clés pour gérer l'incompréhension et les préjugés avec calme et confiance.

1. Comprendre les origines des préjugés

Les critiques et les incompréhensions viennent souvent d'une **vision traditionnelle** du travail et de la réussite, héritée des générations précédentes. Pour beaucoup, la carrière doit suivre un chemin **linéaire et continu** : travailler dur pendant 40 ans, puis profiter de la retraite à un âge avancé.

Les questions courantes sont révélatrices :

- **"Pourquoi prendre une pause maintenant alors que tu es jeune ?"**
- **"N'est-ce pas risqué pour ta carrière ?"**
- **"Tu as les moyens de ne rien faire pendant plusieurs mois ?"**

Derrière ces réflexions se cachent souvent des **peurs** ou des incompréhensions :

- **La peur de l'instabilité** : Dans un monde qui valorise la sécurité financière, prendre une pause est vu comme une prise de risque inutile.
- **Le manque de compréhension** : Pour certaines personnes, "faire une pause" est synonyme de paresse ou d'abandon.
- **La projection de leurs propres limites** : Les critiques viennent parfois de personnes qui n'osent pas s'accorder la même liberté et qui projettent leurs frustrations sur votre choix.

Il est important de comprendre que ces préjugés ne vous appartiennent pas. Ils sont le reflet d'une **mentalité différente**, et non d'une vérité universelle.

---

2. Expliquer votre démarche avec clarté et conviction

La meilleure manière de répondre à l'incompréhension est d'expliquer **calmement et clairement** votre décision. Une communication ouverte permet souvent de dissiper les doutes.

a) Présentez votre projet de manière positive

Montrez que votre micro-retraite est un choix réfléchi, structuré et bénéfique. Insistez sur le fait qu'il ne s'agit pas de "tout abandonner", mais d'une **pause stratégique** pour mieux avancer.

- **Exemple** :
  "Je ressens le besoin de faire une pause pour prendre du recul sur ma carrière et retrouver un équilibre. Cela me permettra d'explorer des projets qui me tiennent à cœur et de revenir plus motivé et plus productif."

b) Valorisez les bénéfices concrets

Mettez en avant ce que cette pause peut vous apporter :

- **Des compétences nouvelles** : apprentissage d'une langue, d'un art ou d'une compétence technique.
- **Une meilleure santé mentale** : prévenir le burn-out, recharger vos batteries.
- **Une vision plus claire de vos objectifs professionnels et personnels.**

Exemple : "Cette pause me permettra de suivre une formation que je repousse depuis des années. Cela enrichira mes compétences et me rendra plus performant à mon retour."

Certaines critiques viennent de la crainte que vous abandonniez vos engagements ou votre stabilité financière. Montrez que vous avez **anticipé** ces aspects :

- Vous avez un budget précis pour financer votre pause.
- Vous avez planifié votre retour au travail.
- Vous restez conscient des réalités professionnelles.

Exemple : "J'ai épargné pendant un an pour financer cette pause sans impacter ma stabilité financière. Je sais exactement comment je vais organiser mon retour pour éviter toute difficulté."

---

3. Gérer les remarques négatives avec calme et détachement

Il est inévitable que certaines personnes ne comprennent pas votre démarche, même après avoir expliqué vos intentions. Voici quelques stratégies pour faire face aux **remarques désobligeantes** sans vous laisser affecter :

a) Prenez du recul

Rappelez-vous que **vous n'avez pas à convaincre tout le monde**. Votre micro-retraite est un choix personnel, et votre bien-être est la priorité. L'incompréhension des autres ne doit pas remettre en cause vos motivations.

Astuce : Lorsque quelqu'un critique votre choix, posez-vous cette question :

"Est-ce que cette personne vit ma vie ? Est-ce que son opinion change mes objectifs ou ma réalité ?"

b) Évitez de vous justifier à l'excès

Restez simple et confiant dans vos explications. Plus vous vous justifiez, plus vous risquez de donner l'impression que votre décision est fragile. Une phrase courte et affirmée suffit souvent :

- "C'est une décision personnelle qui me tient à cœur, et j'ai tout prévu pour que cela se passe bien."

c) Entourez-vous de soutiens positifs

Votre micro-retraite mérite d'être soutenue par des personnes qui **comprennent vos aspirations**. Parlez de votre projet à des proches bienveillants, à d'autres micro-retraités ou à des mentors qui partagent vos valeurs. Leur soutien vous aidera à **garder confiance** lorsque vous faites face à des critiques.

Exemple inspirant : Mathilde, 28 ans, raconte que certains membres de sa famille critiquaient son choix de partir 6 mois en Asie. "Au début, ça m'a affectée. Puis j'ai décidé de ne plus me justifier. Je savais pourquoi je partais, et au final, l'expérience a parlé d'elle-même. Même les plus sceptiques ont fini par m'encourager."

4. Faire des sceptiques vos alliés potentiels

Parfois, les personnes qui vous critiquent au départ deviennent vos **premiers soutiens** une fois qu'elles voient les bénéfices concrets de votre pause. Voici comment les amener à changer de perspective :

- Partagez les **avantages tangibles** de votre expérience au fur et à mesure. Envoyez des nouvelles positives ou des photos inspirantes pour leur montrer les bienfaits de votre pause.
- À votre retour, montrez comment cette pause vous a permis de **vous améliorer** professionnellement ou personnellement : plus d'énergie, de créativité, de compétences.

Exemple : Julien, 30 ans, est revenu d'une micro-retraite en Espagne avec un niveau de langue bilingue et une certification en digital marketing. "Ceux qui doutaient de ma pause ont finalement reconnu que c'était une vraie valeur ajoutée pour ma carrière."

Restez fidèle à votre choix

Gérer la pression sociale et les préjugés demande de la **patience** et un certain détachement. N'oubliez pas que votre micro-retraite est un **choix réfléchi**, un investissement pour votre bien-être et votre futur. En expliquant clairement votre démarche, en restant confiant et en vous entourant des bonnes personnes, vous serez capable de faire face à toutes les critiques.

Dans la prochaine section, nous explorerons les **risques financiers et les stratégies pour limiter ces défis**, afin que votre micro-retraite reste une aventure positive et enrichissante.

Prendre une **micro-retraite** est un projet enthousiasmant, mais il n'est pas exempt de défis financiers. L'une des préoccupations majeures est d'éviter que cette pause, censée être bénéfique, ne compromette votre **stabilité financière future**. Bien planifiée, une micro-retraite ne devrait pas entraîner de précarité ou de déséquilibre. Voici les principaux risques financiers à anticiper et des stratégies pour les limiter efficacement.

1. Le risque d'épuiser vos économies

L'une des erreurs les plus fréquentes consiste à **sous-estimer le coût total** de la micro-retraite, en particulier les imprévus. Une mauvaise planification peut vous conduire à **puisez trop profondément dans vos économies**, compromettant ainsi votre sécurité financière à long terme.

Solutions pour limiter ce risque

- **Établissez un budget réaliste et précis** (voir chapitre précédent).

- Prévoyez systématiquement une **marge de sécurité de 20 à 40 %** pour couvrir les imprévus (changements de plan, frais médicaux, inflation locale, etc.).
- **Ne videz pas vos réserves d'urgence** : Votre fonds d'urgence habituel (équivalent de 3 à 6 mois de dépenses) ne doit pas être touché. Gardez-le intact pour éviter de vous retrouver en difficulté après votre pause.
- **Fractionnez vos économies** : Placez votre budget micro-retraite sur un compte séparé pour éviter de dépenser plus que prévu.

Exemple concret :

Maxime, 30 ans, avait prévu un budget de 5 000 € pour 6 mois en Asie du Sud-Est. En incluant une marge de 30 %, il avait mis de côté 6 500 €. Lorsqu'un vol annulé a entraîné des frais supplémentaires, il a pu gérer la situation sans stress grâce à cette marge.

---

2. Le manque de revenus pendant la pause

Prendre une micro-retraite signifie souvent **une absence de revenus réguliers**, surtout si vous êtes salarié ou travailleur indépendant. Cette absence peut impacter vos finances à votre retour si elle n'a pas été anticipée.

Solutions pour compenser le manque de revenus

- **Créez des revenus passifs** avant votre départ :
  - Investissements locatifs ou SCPI pour générer des loyers.

- Placements financiers (dividendes, intérêts) qui continuent de rapporter même pendant votre pause.
  - Monétisation d'un blog, d'une chaîne YouTube ou d'un contenu numérique que vous avez créé en amont.
- **Travaillez en mode "freelance léger" pendant la pause :**
  - Si vous souhaitez financer partiellement votre micro-retraite, envisagez des missions ponctuelles en freelance (rédaction, graphisme, conseil).
  - Le télétravail permet de combiner liberté et revenus complémentaires, notamment dans les secteurs du digital.
- **Prévoyez un plan de retour financier :**
  - Conservez un budget pour vos **premiers mois** après la micro-retraite afin de couvrir vos charges fixes pendant la reprise professionnelle.

Exemple concret :

Laura, consultante freelance, a pris 4 mois pour voyager tout en conservant un **client régulier** pour une mission ponctuelle. Elle travaillait 10 heures par semaine depuis son logement temporaire, ce qui lui assurait **un revenu minimal pour couvrir ses dépenses essentielles.**

3. Le risque d'endettement

Une micro-retraite financée à crédit peut sembler une solution rapide, mais c'est aussi une **source de risques majeurs** pour votre stabilité financière. Contracter un emprunt pour financer une pause sans revenu stable au retour peut vous entraîner dans un **cercle d'endettement** difficile à briser.

Solutions pour éviter l'endettement

- **N'envisagez pas d'emprunt pour financer votre pause** : Une micro-retraite doit être financée avec de l'argent que vous possédez déjà, et non avec des dettes.
- **Adoptez un mode de vie minimaliste pendant la pause** : Réduisez vos dépenses pour rester dans votre budget.
- **Repoussez la date de départ** si nécessaire pour économiser davantage et éviter toute pression financière.

Astuce pratique : Si vous avez des prêts en cours (crédit immobilier, prêt étudiant), assurez-vous que vos mensualités sont **prises en compte dans votre budget micro-retraite** pour ne pas vous retrouver en difficulté.

---

4. La gestion des charges fixes pendant la pause

Même en micro-retraite, certaines charges ne disparaissent pas : loyer, prêt immobilier, abonnements, factures d'assurance… Ces frais peuvent devenir une source de stress si vous ne les anticipez pas.

Solutions pour alléger vos charges fixes

- **Sous-louez votre logement** pendant votre absence (avec accord du propriétaire si vous êtes locataire). Cela peut couvrir tout ou partie de vos frais d'hébergement.

- **Résiliez ou suspendez vos abonnements** non essentiels (salle de sport, plateformes de streaming, etc.) pour la durée de votre pause.
- **Renégociez certains contrats** (assurances, téléphonie) pour réduire vos charges mensuelles.
- **Stockez vos affaires** dans un garde-meuble pour libérer votre logement et éviter un double coût.

Exemple : Julien, 28 ans, a sous-loué son appartement pour 700 € par mois pendant qu'il voyageait. Cela a couvert l'intégralité de son loyer, lui permettant de profiter de sa pause sans stress.

---

5. Anticiper le retour : reconstruire sa sécurité financière

Le risque financier principal réside souvent dans le **retour à la réalité** après une micro-retraite. Sans préparation, vous pourriez vous retrouver avec des finances fragilisées.

Stratégies pour assurer un retour serein

- **Conservez un fonds de retour** : Prévoyez au moins 1 à 2 mois de charges fixes pour éviter le stress financier pendant votre reprise.
- **Planifiez votre reprise d'activité** : Si vous êtes salarié, assurez-vous d'avoir une date de retour claire. Si vous êtes freelance, commencez à rechercher des missions avant la fin de votre pause.
- **Réévaluez vos priorités financières** : À votre retour, ajustez vos dépenses pour **reconstituer rapidement votre épargne**.

Exemple : Après sa micro-retraite de 6 mois, Marie, 31 ans, avait mis de côté l'équivalent de 2 mois de charges pour anticiper un retour en douceur. Cette réserve lui a permis de retrouver un emploi sans pression immédiate.

Une micro-retraite financièrement sereine, c'est possible

Prendre une micro-retraite n'est pas une décision à prendre à la légère, surtout sur le plan financier. En anticipant les risques, en établissant un budget réaliste et en adoptant des stratégies pour compenser l'absence de revenus, vous pouvez profiter de votre pause sans compromettre votre stabilité future.

La clé du succès réside dans la **préparation rigoureuse** et la **discipline financière**. Une micro-retraite bien planifiée n'est pas un luxe, mais un **investissement en vous-même** qui vous enrichira à tous les niveaux.

Dans la prochaine partie, nous verrons comment cette tendance représente un **changement de mentalité** dans une société obsédée par la productivité et comment accepter de suivre votre propre chemin, malgré les normes établies.

Prendre une micro-retraite dans un contexte économique instable, marqué par l'**inflation croissante** et une précarité dans certains secteurs, peut sembler risqué. Mais avec une bonne préparation et des stratégies adaptées, il est possible de **limiter ces risques** et de vivre cette pause sans compromettre votre avenir financier. Voici comment anticiper les effets de l'inflation et éviter les pièges de l'incertitude économique.

1. Comprendre l'impact de l'inflation sur votre budget

L'inflation, c'est l'augmentation générale des prix qui **réduit la valeur de votre argent** au fil du temps. Elle impacte directement le coût de votre micro-retraite : nourriture, logement, transports ou activités peuvent coûter **plus cher que prévu**, en particulier si vous voyagez dans des pays où l'inflation est élevée.

Exemples concrets des impacts de l'inflation :

- **Hébergement** : Un logement qui coûtait 500 € par mois peut facilement augmenter à 550 € ou plus en quelques mois.
- **Nourriture et services** : Les prix des restaurants, des supermarchés ou des activités locales peuvent grimper rapidement.

- **Transport** : Le prix des billets d'avion ou du carburant peut fluctuer en raison des pressions économiques globales.

2. Stratégies pour limiter les effets de l'inflation

a) Réservez vos dépenses essentielles à l'avance

- **Billets de transport** : Achetez vos billets d'avion ou de train plusieurs mois avant votre départ pour profiter des tarifs les plus bas. Les compagnies aériennes augmentent souvent les prix à mesure que la date approche.
- **Hébergement** : Privilégiez les réservations à long terme sur des plateformes comme **Airbnb** ou **Booking**, car cela permet souvent de bénéficier de réductions.
- **Assurances** : Souscrivez une assurance voyage ou santé complète avant votre départ pour éviter des frais imprévus liés à l'inflation des coûts médicaux.

b) Choisissez des destinations où le coût de la vie est plus bas

Si vous planifiez de voyager, optez pour des régions où l'inflation est modérée et où votre budget aura plus de pouvoir d'achat. Par exemple :

- **Asie du Sud-Est** (Vietnam, Thaïlande, Indonésie) : un coût de vie bas malgré une légère inflation.
- **Europe de l'Est** (Bulgarie, Roumanie, Albanie) : des destinations accessibles où les prix restent raisonnables.
- **Amérique latine** (Colombie, Mexique) : un excellent rapport qualité/prix pour le logement et les activités.

Astuce : Consultez régulièrement des outils comme **Numbeo** ou **Budget Your Trip** pour comparer le coût de la vie dans différentes régions.

Avant de partir, assurez-vous que votre argent ne "dort" pas sur un compte à faible rendement, car il perd de sa valeur avec l'inflation. Voici quelques solutions pour protéger votre capital :

- **Livret à taux d'intérêt élevé** : Optez pour des livrets d'épargne ou des placements à intérêt garanti pour conserver le pouvoir d'achat de votre épargne.
- **Investissements indexés à l'inflation** : Si vous avez quelques mois pour vous préparer, envisagez des placements comme des obligations indexées sur l'inflation.
- **Diversification des devises** : Si l'inflation touche fortement votre pays, convertir une partie de vos économies dans une devise plus stable peut être judicieux.

---

3. Gérer les risques liés à la précarité professionnelle

La précarité touche particulièrement les jeunes générations, où les contrats temporaires ou les périodes d'inactivité sont courantes. Quitter son emploi pour une micro-retraite peut sembler audacieux, surtout si le marché du travail est incertain. Voici comment limiter ces risques :

a) Négociez un congé sabbatique ou une pause encadrée

Si vous êtes salarié, envisagez un **congé sabbatique** ou un congé sans solde plutôt qu'une démission :

- Cela vous garantit de retrouver votre poste ou un poste équivalent au retour.
- Vous conservez une sécurité professionnelle, ce qui est particulièrement rassurant en période d'incertitude économique.

Exemple : Julien, chef de projet IT, a négocié un congé sabbatique de 6 mois, lui permettant de voyager tout en gardant un poste stable à son retour.

b) Développez des compétences valorisables

Utilisez votre micro-retraite pour acquérir des **compétences demandées** sur le marché du travail, comme :

- La maîtrise d'une langue étrangère.
- Une formation en ligne certifiante (exemple : marketing digital, data science, UX design).
- Des expériences bénéfiques pour votre CV (volontariat, gestion de projet dans un domaine différent).

Une micro-retraite bien utilisée peut **renforcer votre employabilité**, en montrant à un recruteur que vous êtes capable d'initiative, d'autonomie et d'adaptabilité.

---

4. Vivre en mode minimaliste pour réduire les dépenses

L'inflation impose parfois de faire des choix économiques. Adopter un **mode de vie minimaliste** pendant votre micro-retraite permet de :

- Réduire les dépenses non essentielles.
- Mieux contrôler votre budget sans sacrifier l'expérience.

Exemples de pratiques minimalistes :

- **Logement économique** : Partager un appartement, opter pour le couchsurfing ou vivre dans une auberge de jeunesse.
- **Nourriture locale** : Privilégier les marchés et cuisiner vous-même plutôt que de manger au restaurant.
- **Transport** : Utiliser des bus locaux, marcher ou louer un vélo plutôt que de payer pour des taxis ou des vols internes coûteux.

Exemple : Clara, 26 ans, a passé 6 mois en Asie en vivant avec un budget de 800 € par mois grâce à des hébergements économiques et des repas locaux. Cela lui a permis d'étendre sa micro-retraite sans dépasser ses économies.

---

5. Préparer un plan B financier

Enfin, la clé pour éviter les conséquences de l'inflation ou de la précarité est d'avoir un **plan B** financier en cas d'urgence :

- **Accès rapide à un fonds d'urgence** : Gardez une somme d'argent facilement accessible en cas de besoin.
- **Revenus complémentaires** : Si nécessaire, envisagez des missions freelance ou un travail temporaire pendant votre micro-retraite pour couvrir vos dépenses.
- **Assurez une flexibilité** : Restez prêt à ajuster vos plans pour limiter les coûts (exemple : choisir une destination moins chère si les prix flambent).

Une préparation intelligente pour limiter les risques

L'inflation et la précarité ne doivent pas être des freins à votre projet de micro-retraite. Avec une **bonne planification**, des stratégies adaptées pour protéger votre budget et des ajustements intelligents, vous pouvez minimiser ces risques tout en profitant pleinement de votre pause.

Rappelez-vous que la micro-retraite est un **investissement en vous-même** : elle vous apporte des bénéfices durables qui peuvent, à terme, renforcer votre situation professionnelle et personnelle. Dans la prochaine partie, nous explorerons **comment tirer un maximum de bénéfices de votre micro-retraite** pour transformer cette pause en un véritable tremplin pour l'avenir.

Chapitre 6 : Micro retirement et carrière : compatible ou risqué ?

Prendre une micro-retraite peut susciter des interrogations quant à son **impact sur la carrière**. Est-ce un frein à l'évolution professionnelle ou, au contraire, un levier pour se démarquer ? Avec la bonne approche, il est tout à fait possible de valoriser cette pause auprès des recruteurs ou de son employeur actuel. Cette partie vous montre comment présenter votre micro-retraite sur votre **CV** et mettre en lumière les **compétences** et l'enrichissement personnel acquis pendant cette expérience.

---

1. Comment présenter une micro-retraite sur son CV ?

Une pause professionnelle peut parfois être perçue comme une lacune ou un manque de motivation par certains recruteurs. La clé est de la **transformer en un atout** en la présentant de manière claire, positive et stratégique. Voici comment intégrer une micro-retraite dans votre CV sans en faire un point faible.

a) Soyez transparent et positif

Plutôt que de cacher cette période d'inactivité, assumez-la avec **confiance**. Une micro-retraite bien utilisée montre votre capacité à prendre des décisions réfléchies et à investir dans votre développement personnel.

Où la mentionner ?

- Intégrez-la dans la partie "Expérience" si elle a un lien avec des projets concrets (apprentissage, bénévolat, création artistique).
- Ajoutez-la dans la section "Formation" si vous avez suivi des cours ou des certifications.
- Mentionnez-la dans un paragraphe "À propos" ou "Résumé" pour expliquer brièvement le contexte et les bénéfices de cette pause.

b) Utilisez des mots-clés professionnels

Présentez votre micro-retraite comme un **projet structuré**, en utilisant un vocabulaire professionnel pour renforcer sa crédibilité.

- **"Développement de compétences"** : si vous avez suivi une formation, appris une langue ou acquis une nouvelle compétence technique.
- **"Gestion de projet personnel"** : pour un projet créatif, un blog, ou un apprentissage autodidacte.
- **"Engagement volontaire"** : pour des missions de bénévolat ou des expériences interculturelles enrichissantes.
- **"Réflexion stratégique sur la carrière"** : si cette pause a été une période de prise de recul pour redéfinir vos objectifs professionnels.

---

c) Exemple concret de présentation sur un CV

Exemple 1 : Pause pour un projet personnel structuré Micro-retraite – Exploration culturelle et développement personnel
(Janvier 2023 – Août 2023)

- Réalisation d'un **tour d'Europe** en autonomie pour approfondir ma compréhension des langues et cultures européennes.
- Acquisition de compétences en **gestion de budget** (planification financière sur 6 mois) et en organisation de projets à long terme.
- Développement de la **maîtrise de l'anglais** à travers une immersion quotidienne et la participation à des cours intensifs.

Exemple 2 : Pause axée sur l'apprentissage
Congé sabbatique – Formation en marketing digital
(Avril 2022 – Décembre 2022)

- Suivi d'une certification en **SEO et Google Ads** sur Udemy (certificat obtenu avec succès).
- Développement de **compétences techniques** appliquées à des projets réels pour des clients freelance.
- Participation à des conférences et webinaires pour rester à jour sur les **tendances du digital marketing**.

Exemple 3 : Pause orientée vers le bénévolat
Engagement volontaire – Mission humanitaire en Amérique   latine
(Juillet 2022 – Janvier 2023)

- Bénévolat pour une ONG locale : enseignement de l'anglais à des enfants dans une région rurale.
- Développement de **compétences interculturelles** et de communication dans un environnement multiculturel.
- Gestion de petits projets éducatifs, nécessitant de l'**autonomie** et de la **créativité**.

2. Valoriser son expérience : soft skills acquises et enrichissement personnel

Une micro-retraite est une expérience riche qui vous permet d'acquérir des **compétences transférables** (soft skills) et de renforcer votre maturité personnelle. Ces qualités sont de plus en plus recherchées par les employeurs. Voici comment les mettre en avant.

a) Les soft skills développées pendant une micro-retraite

1. **Adaptabilité et résilience**
   Voyager, gérer des imprévus ou apprendre de nouvelles compétences demande une grande **flexibilité mentale**. La micro-retraite vous apprend à vous adapter rapidement à des situations inattendues, ce qui est un atout majeur en entreprise.
2. **Autonomie et prise d'initiative**
   Une micro-retraite, surtout si elle est bien structurée, témoigne de votre capacité à prendre des décisions, à **planifier des projets** et à vous organiser sans cadre imposé.
3. **Créativité et résolution de problèmes**
   Sortir de sa routine stimule la créativité. Les défis rencontrés lors d'un voyage ou d'un projet personnel développent vos compétences en **résolution de problèmes**.
4. **Communication interculturelle**
   Si votre micro-retraite inclut des voyages ou des échanges, vous renforcez votre capacité à **travailler avec des personnes d'horizons différents**. Une compétence précieuse dans un monde globalisé.

5. **Gestion du temps et des priorités**
   Planifier un projet sur plusieurs mois nécessite de **gérer son temps efficacement**, d'établir des priorités et de rester concentré sur des objectifs concrets.

---

b) L'enrichissement personnel : un atout pour la carrière

Une micro-retraite ne se limite pas à un développement professionnel : elle enrichit profondément votre vision du monde, vos valeurs et vos aspirations. Voici comment mettre en avant cet aspect :

- **Clarification des objectifs professionnels** : Montrez que cette pause a été une occasion de réfléchir à votre carrière et de revenir avec une vision plus claire.
- **Maturité et recul** : Une micro-retraite témoigne de votre capacité à **prendre du recul**, à vous écouter et à agir en fonction de vos besoins.
- **Équilibre personnel** : Montrez que cette expérience vous a permis de renforcer votre bien-être, ce qui vous rend **plus motivé et engagé** à long terme.

Exemple de formulation :
"Cette pause m'a permis de me reconnecter à mes priorités personnelles et de revenir avec une vision plus alignée et une énergie renouvelée pour relever de nouveaux défis."

---

3. Transformer votre micro-retraite en argument différenciant

Une micro-retraite, bien présentée, peut devenir un **élément différenciant** sur votre CV ou en entretien :

- **Elle montre du courage et de l'audace** : Prendre une pause stratégique demande de sortir de sa zone de confort. Cela montre votre capacité à prendre des initiatives réfléchies.
- **Elle illustre votre ouverture d'esprit** : Explorer de nouveaux horizons ou vous consacrer à des projets personnels témoigne de votre curiosité et de votre capacité à vous renouveler.
- **Elle prouve votre capacité d'organisation** : Planifier et financer une pause démontre une rigueur qui est transposable au monde professionnel.

Une valeur ajoutée pour votre carrière

Une micro-retraite n'est pas un frein à votre carrière, mais une **valeur ajoutée**, à condition de la présenter avec **clarté** et **conviction**. En mettant en avant les **compétences développées** et l'enrichissement personnel acquis, vous pouvez démontrer qu'une pause bien utilisée fait de vous un candidat **plus complet, plus adaptable et plus motivé**.

Dans la prochaine section, nous explorerons les **témoignages de professionnels** qui ont réussi à intégrer une micro-retraite dans leur parcours, prouvant ainsi que cette expérience peut être un tremplin pour une carrière épanouissante.

Prendre une micro-retraite ne signifie pas nécessairement démissionner. De nombreuses entreprises, conscientes des bénéfices de telles pauses pour leurs employés, offrent des solutions pour **prendre du recul temporairement** tout en conservant un lien avec l'entreprise. Le **congé sabbatique** ou "career break" est la solution idéale pour ceux qui souhaitent faire une pause sans compromettre leur sécurité professionnelle. Voici comment négocier et structurer ce type d'accord avec votre employeur.

---

1. Comprendre le congé sabbatique et le career break

Le congé sabbatique (en France)

En France, le **congé sabbatique** est un dispositif encadré par le Code du travail :

- **Conditions d'accès** :
    - Avoir **6 ans d'ancienneté** dans sa carrière professionnelle.
    - Travailler dans l'entreprise depuis **au moins 3 ans**.
- **Durée** : Entre **6 et 11 mois**.
- **Statut** : Pendant cette période, le contrat de travail est suspendu, mais l'employé ne perçoit **pas de salaire**. À son retour, il retrouve un **poste équivalent** dans l'entreprise.

Dans certains pays ou entreprises internationales, il existe des dispositifs similaires, souvent appelés **"career break"** ou **"unpaid leave"**. Ce système est plus flexible, mais repose davantage sur la **négociation individuelle** entre l'employé et l'employeur.

2. Préparer sa demande de congé sabbatique ou career break

a) Anticipez et préparez un dossier solide

Avant d'aborder le sujet avec votre employeur, il est important de construire un **argumentaire clair et structuré**. Présentez votre demande comme une **démarche positive** et réfléchie, qui bénéficiera à la fois à vous et à l'entreprise.

- **Expliquez vos motivations** : Montrez que cette pause est une opportunité pour vous ressourcer, développer de nouvelles compétences ou renforcer votre vision professionnelle.
- **Présentez les bénéfices pour l'entreprise** : Soulignez que vous reviendrez avec plus de **motivation, d'énergie et de créativité**, prêt à apporter une valeur ajoutée.
- **Proposez un plan de transition** : Montrez que vous êtes responsable en préparant votre départ :
    - Former un collègue pour assurer la continuité de vos missions.
    - Établir un calendrier de transition pour minimiser les perturbations.

Le moment venu, adoptez une approche professionnelle et positive :

- **Planifiez un entretien** avec votre manager pour présenter votre demande de manière formelle.
- **Insistez sur votre engagement** : Rassurez votre employeur en expliquant que vous reviendrez avec des idées fraîches et une motivation renouvelée.
- **Soyez ouvert à la négociation** : Si un congé sabbatique formel n'est pas possible, proposez des alternatives comme un **temps partiel temporaire** ou un **télétravail flexible** pendant votre pause.

---

3. Les arguments clés pour convaincre votre employeur

- **Prévention du burn-out** : Expliquez que cette pause permettra d'éviter l'épuisement professionnel et de prolonger votre engagement à long terme dans l'entreprise.
- **Développement de compétences** : Mettez en avant les compétences ou expériences que vous pourrez acquérir pendant cette période (langues, certifications, soft skills).
- **Retour sur investissement** : Montrez qu'à votre retour, votre productivité, votre créativité et votre vision stratégique seront renforcées.

Exemple :
"En prenant ce congé sabbatique de 6 mois, je souhaite approfondir mes compétences en gestion interculturelle grâce à une immersion à l'étranger. Je reviendrai avec une

capacité renforcée à gérer des projets internationaux, ce qui servira directement à nos objectifs d'expansion."

4. Témoignages d'employés et employeurs sur la micro-retraite

Témoignage d'Antoine, chef de projet IT

"Après 5 ans dans la même entreprise, j'ai ressenti un besoin urgent de souffler. J'ai proposé un congé sabbatique pour partir voyager en Amérique du Sud pendant 8 mois. Mon employeur a accepté à condition que je forme un collègue pour me remplacer pendant mon absence. À mon retour, j'étais plus motivé et j'ai même proposé des solutions innovantes inspirées de ce que j'avais vu ailleurs. Finalement, cette pause a été bénéfique pour nous deux."

Témoignage de Claire, DRH dans une PME

"Quand l'un de mes employés m'a demandé un congé sabbatique pour partir se former, j'ai hésité. Mais il est revenu avec une certification en gestion de projet agile qui nous a permis d'améliorer considérablement notre productivité. Aujourd'hui, je vois ces pauses comme un investissement sur le long terme pour l'entreprise."

"En tant que freelance, j'avais peur que ma pause de 4 mois me fasse perdre mes clients. Finalement, j'ai anticipé en confiant quelques projets à des collègues de confiance et en informant mes clients bien à l'avance. À mon retour, ils m'ont dit que cette pause m'avait rendu plus créative et dynamique. Certains m'ont même félicitée d'avoir osé prendre soin de moi."

une démarche gagnant-gagnant

Négocier une micro-retraite avec son employeur est non seulement possible, mais souvent **bénéfique** pour les deux parties. En présentant votre démarche de manière structurée, en anticipant les besoins de l'entreprise et en valorisant les bénéfices pour votre carrière, vous pouvez transformer cette pause en un **tremplin professionnel**.

Les témoignages montrent que les employeurs commencent à reconnaître les avantages de ces parenthèses stratégiques : des employés **reboostés, créatifs et engagés**. La clé réside dans la communication, la transparence et une préparation minutieuse.

Dans le prochain chapitre, nous explorerons les **bénéfices à long terme** du micro retirement, en montrant comment cette pause peut redéfinir vos priorités, enrichir votre vie et poser les bases d'une carrière plus alignée et épanouissante.

Chapitre 7 : Le micro retirement dans le monde : inspirations internationales

Le concept de micro-retraite, bien que relativement récent, trouve des échos dans différentes cultures à travers le monde. Certains pays ont intégré, depuis longtemps, des pratiques de **pauses stratégiques**, considérées comme bénéfiques pour l'épanouissement personnel et professionnel. Que ce soit sous la forme d'années sabbatiques, de congés prolongés ou de modèles de travail flexibles, ces inspirations internationales montrent que prendre du temps pour soi est **non seulement possible, mais encouragé**.

---

1. Les pays nordiques : l'année sabbatique comme modèle culturel

Les pays nordiques (Suède, Danemark, Norvège, Finlande) sont souvent cités comme des exemples en matière de **bien-être au travail** et de flexibilité professionnelle. Là-bas, prendre une pause dans sa carrière n'est pas perçu comme un écart, mais comme un élément **structurant** d'une vie équilibrée.

a) La culture du "Lagom" en Suède

Le mot suédois **"Lagom"**, qui signifie "ni trop, ni trop peu", reflète parfaitement l'approche nordique de la vie. Il s'agit de trouver un **équilibre** entre travail, loisirs et vie personnelle. L'année sabbatique, appelée **"tjänstledighet"**, est inscrite dans les mentalités et même dans certaines politiques d'entreprise.

Fonctionnement :

- Les Suédois peuvent demander un congé prolongé pour des raisons variées :
    - **Études ou formation** pour renforcer leurs compétences.
    - **Voyages ou projets personnels** pour s'épanouir.
    - **Pause pour se consacrer à leur famille** ou à des activités bénévoles.
- Cette pause est souvent non rémunérée, mais elle est vue comme un investissement personnel. Beaucoup de Suédois utilisent ce temps pour se recentrer et revenir plus productifs.

Exemple   inspirant   :
Anna, une cadre de 35 ans dans une entreprise technologique suédoise, a pris une année sabbatique pour voyager en Asie et apprendre le yoga. À son retour, elle a créé un programme de **bien-être pour les employés** de son entreprise, inspiré de ses expériences, ce qui a renforcé sa carrière.

---

b) Le modèle danois du "Hygge" et du bien-être au travail

Au Danemark, le bien-être est au cœur des priorités nationales, tant sur le plan personnel que professionnel. Le concept de **"Hygge"**, qui célèbre les plaisirs simples et le confort de la vie, s'applique aussi à la gestion du travail. Les employeurs danois encouragent les pauses longues et les années sabbatiques pour éviter le **burn-out**.

Particularités :

- Certaines entreprises financent partiellement des pauses professionnelles si elles incluent des projets de développement personnel ou de formation.
- Les employés bénéficient d'une **forte flexibilité** pour structurer leurs congés.

Exemple concret :
Mikkel, ingénieur de 40 ans, a négocié une pause de 6 mois pour se consacrer à un projet de bénévolat en Afrique. À son retour, il a été promu à un poste de manager, son entreprise valorisant son initiative et les compétences humaines qu'il avait développées.

---

2. L'Australie et la Nouvelle-Zélande : le "Gap Year" comme rite de passage

Dans les cultures anglo-saxonnes, notamment en Australie et en Nouvelle-Zélande, le concept de **"Gap Year"** est largement ancré. Cette "année de césure" est souvent prise à la fin des études secondaires ou universitaires, mais elle s'applique aussi aux jeunes professionnels souhaitant s'accorder une pause.

a) Un modèle accepté et valorisé

Le **Gap Year** est vu comme une opportunité de :

- Voyager pour **découvrir le monde** et sortir de sa zone de confort.
- Développer des compétences pratiques grâce au **volontariat ou au travail temporaire.**

- Prendre du recul pour clarifier ses **ambitions personnelles et professionnelles**.

Les employeurs australiens et néo-zélandais reconnaissent souvent la valeur d'un Gap Year, car il reflète des qualités recherchées :

- **Autonomie et initiative**.
- **Capacité d'adaptation** face à des environnements variés.
- **Maturité personnelle** et ouverture d'esprit.

Exemple inspirant :
Sophie, 28 ans, originaire de Sydney, a pris un Gap Year de 12 mois pour travailler dans une ferme biologique en Europe. En plus d'acquérir des compétences en agriculture durable, elle a gagné en indépendance. À son retour, elle a intégré une ONG spécialisée dans l'agroécologie.

---

3. Le Japon : le "Shikata Ga Nai" et la réflexion personnelle

Contrairement aux pays nordiques, le Japon a longtemps été associé à une culture du **travail intense** (appelée "karoshi" pour désigner la mort par surmenage). Pourtant, une nouvelle tendance commence à émerger : la pause comme un **moment de réflexion stratégique** pour éviter l'épuisement.

a) La philosophie du "Shikata Ga Nai"

Le concept japonais de **"Shikata Ga Nai"** signifie "on ne peut rien y changer", et encourage à accepter les choses telles qu'elles sont tout en prenant du recul pour trouver des solutions. Aujourd'hui, de plus en plus de jeunes Japonais prennent des **pauses stratégiques** pour :

- Voyager et se reconnecter à eux-mêmes.
- Explorer des projets artistiques ou entrepreneuriaux.
- Prendre soin de leur **santé mentale**, un sujet en plein essor au Japon.

Exemple   concret   :
Kenji, 32 ans, ancien salarié dans une grande entreprise à Tokyo, a pris 6 mois pour parcourir les temples bouddhistes de Kyoto et méditer. Cette expérience lui a permis de retrouver un équilibre mental et de lancer son propre cabinet de coaching en bien-être professionnel.

---

4. Les États-Unis et le Canada : le "Sabbatical Leave" en entreprise

En Amérique du Nord, bien que le rythme de travail soit souvent soutenu, de plus en plus d'entreprises proposent des **programmes de congés sabbatiques** pour fidéliser leurs employés et prévenir l'épuisement.

a) Le congé sabbatique comme avantage compétitif

- Certaines entreprises offrent un **congé rémunéré** ou partiellement rémunéré après un certain nombre d'années d'ancienneté.
- Les employés utilisent ce temps pour :
    - Suivre une formation diplômante.
    - Voyager ou se consacrer à un projet créatif.

○ Travailler sur un projet à impact social (bénévolat, entrepreneuriat).

Exemple :
Sarah, employée dans une grande société à Toronto, a pris 3 mois de congé sabbatique pour apprendre l'espagnol en Amérique latine. À son retour, elle a été chargée de développer les partenariats hispanophones de son entreprise, transformant ainsi sa pause en atout stratégique.

Des inspirations pour une vision globale du micro retirement

Ces exemples montrent que dans plusieurs pays, la pause professionnelle est non seulement acceptée, mais **valorisée** comme un outil d'épanouissement personnel et professionnel. Qu'il s'agisse des pays nordiques, où le bien-être est une priorité, ou des modèles anglo-saxons et asiatiques en pleine évolution, il existe de nombreuses façons d'intégrer une pause stratégique dans sa carrière.

En s'inspirant de ces cultures, il devient évident que le micro-retirement n'est pas un "luxe", mais une **démarche intelligente et moderne** pour concilier travail, équilibre et développement personnel. Dans la prochaine section, nous explorerons **des témoignages de jeunes professionnels** qui ont franchi le pas, prouvant que la micro-retraite peut réellement transformer une carrière et une vie.

Le monde du travail connaît une **transformation profonde** depuis quelques années. L'essor des nouvelles technologies, l'émergence de la **culture du bien-être**, et les attentes des nouvelles générations ont permis de repenser le rapport au travail. La flexibilité professionnelle, le **freelancing** et le télétravail s'imposent désormais comme des modèles qui facilitent des pauses stratégiques comme le **micro-retirement** tout en conservant un revenu ou une activité.

---

1. La flexibilité au travail : une demande croissante

Les **nouvelles générations** – notamment les Millennials et la Génération Z – ne se contentent plus des modèles traditionnels de travail de bureau rigides et monotones. Elles valorisent davantage :

- **La flexibilité horaire** : travailler selon des horaires adaptés à leurs besoins.
- **L'équilibre vie pro/vie perso** : éviter l'épuisement lié à une culture du "toujours disponible".
- **La possibilité de travailler à distance** : télétravail total ou partiel pour gagner en liberté géographique.

Les entreprises s'adaptent

De plus en plus d'entreprises proposent :

- **Des congés sabbatiques** ou "career breaks" pour fidéliser les talents et éviter le burn-out.
- Des semaines de **4 jours** pour permettre plus de temps libre sans perte de productivité.
- Des politiques de **télétravail flexible** pour réduire le stress lié aux trajets et améliorer la qualité de vie des employés.

Exemple : Des entreprises comme **Airbnb** ou **Spotify** ont intégré des politiques de travail 100 % à distance, permettant à leurs employés de voyager tout en maintenant leur productivité.

---

2. Le freelancing : un modèle qui encourage le micro-retirement

Le **freelancing** a explosé ces dernières années, offrant une **liberté inégalée** aux professionnels de nombreux secteurs (digital, communication, design, informatique, conseil, etc.). En tant qu'indépendant, vous êtes maître de votre emploi du temps et pouvez organiser vos périodes de travail et de pause en fonction de vos besoins.

Pourquoi le freelancing facilite le micro-retirement ?

- **Flexibilité totale** : Vous choisissez quand et comment travailler.
- **Périodes de travail intensives** : Certains freelances alternent des périodes de missions bien rémunérées avec des périodes de pause (micro-retraites).
- **Possibilité de travailler de n'importe où** : Avec une simple connexion internet, vous pouvez poursuivre vos activités professionnelles même en voyageant.

Exemple : Mathilde, 29 ans, rédactrice freelance, organise son année en 3 phases :

- **6 mois de travail intensif** où elle cumule des missions pour créer une réserve financière.
- **3 mois de pause** pour voyager en Asie.
- **3 mois de travail léger** depuis l'étranger pour combiner voyage et revenus.

---

3. Le télétravail : un levier pour s'éloigner sans quitter son emploi

Le **télétravail** s'est démocratisé, en particulier depuis la pandémie de COVID-19, offrant une nouvelle manière d'envisager la vie professionnelle. Grâce à des outils collaboratifs comme **Zoom**, **Slack** ou **Trello**, il est désormais possible de travailler efficacement sans être physiquement présent au bureau.

Avantages pour un micro-retirement hybride

- **Continuité professionnelle** : Vous restez actif tout en changeant d'environnement.
- **Liberté géographique** : Vous pouvez télétravailler depuis une autre ville ou un autre pays.
- **Réduction des coûts** : En vivant dans des régions où le coût de la vie est plus bas, votre pouvoir d'achat augmente.

Exemple concret : Kevin, 31 ans, développeur web, a négocié avec son employeur la possibilité de travailler en télétravail pendant 4 mois. Il a passé cette période dans un village au Costa Rica, alternant ses journées entre programmation et exploration de la nature locale.

Le **digital nomadisme** est la parfaite fusion entre travail et voyage. De plus en plus de jeunes professionnels choisissent de vivre cette expérience, alliant liberté géographique et **revenus réguliers** grâce à des emplois en ligne.

1. Qui sont les digital nomads ?

Les digital nomads sont des travailleurs qui exploitent les outils numériques pour exercer leur métier tout en voyageant. Ils ne sont **pas attachés à un bureau fixe**, ce qui leur permet de s'installer temporairement dans différentes destinations à travers le monde.

Professions les plus adaptées

Certaines professions se prêtent particulièrement au digital nomadisme :

- **Rédacteurs, traducteurs et blogueurs.**
- **Développeurs web et ingénieurs informatiques.**
- **Graphistes, designers UX/UI.**
- **Consultants et coachs en ligne.**
- **Formateurs ou professeurs en ligne** (tutorat, cours de langues).

2. Destinations prisées des digital nomads

a) L'Asie du Sud-Est : un hub abordable et inspirant

Des pays comme la **Thaïlande**, le **Vietnam** ou l'**Indonésie (Bali)** attirent des milliers de digital nomads grâce à :

- Un **coût de la vie très bas**.
- Des infrastructures adaptées (cafés avec WiFi, espaces de coworking).
- Une communauté internationale de travailleurs nomades pour échanger et collaborer.

b) L'Europe de l'Est : qualité de vie et modernité

Des villes comme **Budapest, Prague ou Sofia** offrent :

- Un excellent rapport qualité/prix pour vivre et travailler.
- Une connexion internet rapide et fiable.
- Des paysages culturels riches pour des week-ends d'exploration.

c) L'Amérique latine : aventure et liberté

Des destinations comme le **Mexique, Medellín en Colombie ou le Costa Rica** sont particulièrement populaires. Elles combinent :

- Une **nature exceptionnelle**.
- Un coût de la vie raisonnable.
- Une qualité de vie relaxante, parfaite pour équilibrer travail et loisirs.

3. Conseils pour devenir digital nomad

a) Préparez vos finances

- Épargnez suffisamment avant de partir pour couvrir les **premiers mois**.
- Prévoyez une **source de revenus réguliers** grâce à des missions en freelance ou un emploi en télétravail.

b) Organisez votre matériel

- Un **ordinateur portable performant**.
- Une bonne connexion internet (investissez dans un **routeur mobile** si besoin).
- Des outils collaboratifs pour travailler à distance (Zoom, Notion, Google Drive).

c) Trouvez des espaces de travail adaptés

- Recherchez des **espaces de coworking** dans chaque ville. Des plateformes comme **Coworker** ou **Nomad List** recensent les meilleurs lieux pour les digital nomads.
- Alternez avec des **cafés calmes** offrant une connexion WiFi gratuite.

Conclusion : allier liberté et travail pour une micro-retraite hybride

Les tendances émergentes du monde professionnel — flexibilité, freelancing et télétravail — offrent des opportunités uniques pour intégrer une micro-retraite dans sa vie, sans pour autant quitter totalement le monde du travail. Le phénomène des **digital nomads** en est la preuve concrète : il est aujourd'hui possible de **voyager tout en maintenant des revenus**, transformant ainsi votre pause en une expérience hybride à la fois productive et enrichissante.

Dans la prochaine section, nous découvrirons des **témoignages inspirants de travailleurs nomades** et des outils pour organiser une vie professionnelle flexible tout en explorant le monde.

Chapitre 8 : Guide pratique pour passer à l'action

Après avoir exploré les origines, les bénéfices et les différentes manières d'aborder le **micro-retirement**, il est temps de **passer à l'action**. Cette étape est cruciale : elle vous permettra de transformer cette idée inspirante en un projet concret, réalisable et aligné avec vos aspirations personnelles et professionnelles.

Ce guide pratique vous propose un **test rapide** pour évaluer si vous êtes prêt à vous lancer, ainsi qu'une **checklist d'organisation détaillée** pour vous accompagner dans chaque étape de votre micro-retraite.

Test : Êtes-vous prêt pour un micro-retirement ?

Avant de vous engager pleinement dans ce projet, il est important de **vérifier où vous en êtes** sur le plan personnel, professionnel et financier. Ce test simple vous aidera à mesurer votre niveau de préparation et à identifier les points à travailler.

Instructions : Répondez aux questions suivantes par **"Oui"** ou **"Non"**.

1. **Objectifs et motivations**
   - Savez-vous pourquoi vous voulez prendre une micro-retraite ?
   - Avez-vous identifié des projets concrets que vous souhaitez réaliser pendant cette pause (voyage, formation, projet créatif, etc.) ?

o   Ressentez-vous un besoin réel de vous ressourcer ou de prendre du recul sur votre vie professionnelle ?

2. **Situation financière**

    o   Avez-vous évalué vos charges mensuelles et vos besoins financiers pendant la micro-retraite ?

    o   Disposez-vous d'une épargne ou d'un plan pour financer cette période sans compromettre votre sécurité financière ?

    o   Avez-vous envisagé des stratégies pour minimiser vos dépenses pendant cette pause (sous-location, mode de vie minimaliste, etc.) ?

3. **Engagement professionnel**

    o   Votre employeur est-il ouvert à l'idée d'une pause (congé sabbatique, carrière flexible) ?

    o   Si vous êtes freelance, avez-vous une stratégie pour gérer vos clients ou votre activité pendant cette période ?

    o   Avez-vous un plan pour faciliter votre retour à la vie active (formation complémentaire, plan de réintégration) ?

4. **Mentalité et préparation**

    o   Êtes-vous prêt à sortir de votre zone de confort pour réaliser ce projet ?

    o   Avez-vous réfléchi aux défis potentiels (pression sociale, imprévus financiers) et aux solutions pour les surmonter ?

    o   Cette pause vous semble-t-elle plus stimulante qu'effrayante ?

Résultats du test :

- **Majorité de "Oui"** : Vous êtes prêt à vous lancer ! Votre projet est structuré et vous avez déjà une vision claire de ce que vous souhaitez accomplir. Passez à la **checklist d'organisation** pour concrétiser votre micro-retraite.

- **Majorité de "Non"** : Vous avez encore besoin de clarifier certains points. Prenez le temps de définir vos motivations, d'évaluer vos finances et de préparer votre plan d'action. Ce guide vous accompagnera pas à pas.

Checklist d'organisation : les étapes clés pour réussir sa micro-retraite

Une micro-retraite réussie repose sur une organisation minutieuse. Voici une **checklist complète** pour structurer votre projet, de l'élaboration des objectifs jusqu'à la préparation de votre départ.

---

1. Définir ses objectifs : pourquoi cette pause ?

Votre micro-retraite doit répondre à des **objectifs clairs et personnels**. Prenez le temps de réfléchir à ce que vous souhaitez accomplir :

- **Se ressourcer** : Prévenir le burn-out, retrouver un équilibre mental et physique.
- **Explorer** : Voyager pour découvrir de nouvelles cultures et sortir de votre quotidien.
- **Apprendre** : Suivre une formation, acquérir une nouvelle compétence ou démarrer un projet d'apprentissage.
- **Créer** : Se consacrer à un projet artistique, écrire un livre, lancer une activité personnelle.
- **Prendre du recul** : Réfléchir à votre carrière, réévaluer vos priorités et planifier la suite.

Outil pratique : Prenez un carnet ou une application de notes et écrivez vos réponses à ces questions :

- Qu'est-ce que je souhaite vivre pendant cette pause ?
- Comment cette expérience va-t-elle enrichir ma vie personnelle ou professionnelle ?
- Quels bénéfices concrets j'attends de cette micro-retraite ?

---

2. Établir son plan financier : anticiper les dépenses et les ressources

Le financement est un pilier central d'une micro-retraite. Voici les étapes pour élaborer un plan financier réaliste et solide :

1. **Calculez vos besoins financiers** :
   - Charges fixes (loyer, prêts, factures).
   - Dépenses spécifiques liées à la micro-retraite (voyage, formation, matériel).
   - Budget pour les loisirs et les imprévus (ajoutez une marge de sécurité de 20 à 40 %).
2. **Identifiez vos sources de financement** :
   - Épargne personnelle.
   - Revenus passifs (investissements, location immobilière).
   - Travail ponctuel (freelance ou missions temporaires pendant votre pause).
3. **Réduisez vos charges** :
   - Résiliez ou suspendez les abonnements inutiles.
   - Sous-louez votre logement pendant votre absence.
   - Optez pour un mode de vie minimaliste pour maximiser vos économies.

Outil pratique : Utilisez un tableau Excel ou une application comme **Bankin'** ou **Mint** pour établir un budget prévisionnel et suivre vos dépenses.

---

3. Choisir la durée et le moment idéal

La durée et le moment de votre micro-retraite dépendent de plusieurs facteurs : vos objectifs, vos finances et vos engagements professionnels.

- **Durée idéale** :
    - **1 à 3 mois** : Parfait pour une pause courte (voyage, petit projet personnel).
    - **6 mois** : Idéal pour une expérience enrichissante sans s'éloigner trop longtemps du marché du travail.
    - **1 an** : Convient pour des projets d'envergure (tour du monde, formation complète).
- **Moment opportun** :
    - Choisissez une période où votre charge de travail est réduite (fin de projet, après un bonus, etc.).
    - Évitez les périodes d'incertitude professionnelle ou financière.
    - Si vous êtes freelance, synchronisez votre pause avec la fin de contrats majeurs.

Astuce : Planifiez votre départ **6 à 12 mois à l'avance** pour avoir le temps d'organiser votre budget, vos démarches administratives et les transitions nécessaires dans votre vie professionnelle et personnelle.

Une organisation pour un projet réussi

Vous êtes maintenant armé pour préparer votre micro-retraite de manière structurée et sereine. Avec des objectifs clairs, un budget réaliste et une date définie, vous transformez cette idée inspirante en un projet **concret**.

Dans la prochaine section, nous explorerons les **étapes finales de la préparation**, y compris la gestion des démarches administratives et la checklist des indispensables pour bien partir.

Ressources utiles : applications, blogs, comptes TikTok et livres pour s'inspirer

Pour réussir votre micro-retraite, s'inspirer d'expériences vécues, accéder aux outils adaptés et bénéficier de conseils concrets est essentiel. Voici une sélection de **ressources utiles** qui vous accompagneront dans chaque étape de votre projet : organisation, budget, motivation et créativité.

---

1. Applications pour planifier et gérer votre micro-retraite

a) Gestion du budget

- **Mint** *(gratuit)* : Une application intuitive pour suivre vos revenus, vos dépenses et vos objectifs d'épargne en temps réel.

- **YNAB (You Need A Budget)** *(payant)* : Idéal pour organiser vos finances et prévoir vos dépenses à l'avance.
- **Revolut / N26** : Banques en ligne qui facilitent les paiements internationaux, le suivi des dépenses et les conversions de devises.

b) Organisation et to-do lists

- **Trello** : Un outil visuel pour organiser vos tâches par étapes et suivre votre progression.
- **Notion** : Un espace tout-en-un pour planifier votre budget, créer des listes de contrôle et organiser vos idées.
- **Google Keep** ou **Evernote** : Parfait pour prendre des notes rapides et lister vos objectifs à tout moment.

c) Planification de voyages

- **Skyscanner** : Pour trouver des billets d'avion au meilleur prix.
- **Booking.com** ou **Airbnb** : Pour réserver vos hébergements à l'avance.
- **Rome2Rio** : Une application indispensable pour comparer les trajets en avion, bus, train ou voiture.

---

2. Blogs et sites inspirants sur le micro-retirement et le minimalisme

- **The Minimalists** *(theminimalists.com)* : Un blog américain incontournable qui prône le minimalisme comme une clé pour une vie plus simple et équilibrée.

- **Tim Ferriss (tim.blog)** : Auteur de *"La semaine de 4 heures"*, il propose des stratégies pour optimiser son temps et vivre plus librement.
- **Nomadic Matt (nomadicmatt.com)** : Un blog de voyage pour les digital nomads avec des conseils concrets sur les destinations abordables et les styles de vie flexibles.
- **Les Nouveaux Travailleurs** *(lesnouveauxtravailleurs.com)* : Un site francophone dédié aux travailleurs nomades, freelances et aux nouvelles formes de travail.

3. Comptes TikTok et Instagram pour s'inspirer

TikTok et Instagram sont devenus des plateformes majeures pour partager des témoignages, des astuces et des récits inspirants. Voici quelques comptes à suivre :

- **@paulinemarietravels** *(TikTok/Instagram)* : Pauline partage son parcours de digital nomad et ses conseils pour financer une pause stratégique tout en voyageant.
- **@minimalistjulie** *(Instagram)* : Julie explique comment adopter un mode de vie minimaliste pour économiser et réaliser ses projets personnels.
- **@careerbreakstories** *(TikTok)* : Une série de témoignages d'employés qui ont pris des pauses pour voyager, apprendre ou se ressourcer.
- **@budgettraveler** *(TikTok)* : Astuces pour voyager avec un budget réduit et profiter pleinement de votre expérience sans vous ruiner.

4. Livres inspirants pour préparer et réussir votre micro-retraite

- **"La Semaine de 4 heures"** par **Tim Ferriss** : Un ouvrage culte pour apprendre à optimiser son temps, réduire sa dépendance au travail et vivre plus librement.
- **"L'Art de la simplicité"** par **Dominique Loreau** : Une ode au minimalisme pour désencombrer sa vie et ses finances.

- **"Vivre ses rêves sans tout quitter"** par **Anne-Sophie et Benjamin** : Témoignage inspirant d'un couple qui a réussi à allier voyages et travail.
- **"Le Voyage pour les Nuls"** : Un guide pratique pour planifier ses voyages de manière organisée et sereine.

- **"Père Riche, Père Pauvre"** par **Robert Kiyosaki** : Des leçons précieuses pour gérer vos finances et financer vos projets.
- **"Votre argent ou votre vie"** par **Vicki Robin** : Un livre clé sur la liberté financière et l'art de vivre selon ses besoins réels.

Tableaux d'exercices : planifier sa micro-retraite étape par étape

Pour structurer votre projet de micro-retraite de manière concrète, voici deux tableaux simples à compléter. Ils vous aideront à **clarifier vos objectifs**, établir votre budget et visualiser vos priorités.

Tableau 1 : Définir ses objectifs

Questions	Réponses
Pourquoi voulez-vous prendre une pause ?	Ex. : Me ressourcer, voyager, apprendre une nouvelle compétence.
Quels sont vos objectifs concrets ?	Ex. : Écrire un livre, visiter 5 pays, obtenir une certification.
Quelle valeur cette expérience va-t-elle apporter à votre vie ?	Ex. : Plus de clarté professionnelle, équilibre personnel, nouvelles compétences.
Combien de temps souhaitez-vous partir ?	Ex. : 3 mois, 6 mois, 1 an.

Tableau 2 : Planification financière

Postes de dépenses	Montant estimé (€)	Commentaires
Logement (loyer, hébergement)		Sous-location, réservation anticipée.
Transport (billets d'avion, déplacements)		Skyscanner, transports locaux.
Nourriture		Restaurants, courses économiques.
Activités et loisirs		Cours, visites, excursions.
Assurances (santé, voyage)		Comparer les offres adaptées.
Imprévus (20-40 % du budget total)		Anticipation indispensable.
Total estimé	**€**	

Des outils pour concrétiser votre projet

Grâce à ces **ressources utiles**, ces inspirations et ces tableaux d'exercices, vous disposez désormais d'un plan d'action clair pour organiser votre micro-retraite pas à pas. Applications, blogs, témoignages et outils vous accompagnent à chaque étape pour que cette pause devienne une réalité enrichissante et structurée.

Dans le prochain chapitre, nous explorerons des **témoignages inspirants** de personnes ayant franchi le pas et vécu leur micro-retraite. Leur expérience vous apportera un dernier élan de motivation pour sauter le pas. 🚀

Le concept de **micro-retraite** n'est pas simplement une tendance passagère ; c'est une **réponse profonde** aux défis de notre époque. Face à une société obsédée par la productivité et les carrières linéaires, cette pratique nous invite à réimaginer notre rapport au travail, à l'épanouissement personnel et à la réussite.

La micro-retraite : un outil de bien-être et d'équilibre

Dans un monde où la pression professionnelle est constante et où le burn-out guette de nombreux jeunes actifs, la micro-retraite s'impose comme un **antidote moderne**. Elle permet de :

- **Prendre soin de soi** : Se ressourcer, retrouver une santé mentale équilibrée et éviter l'épuisement.
- **Faire de la place pour ses passions** : Voyager, apprendre, créer, explorer… autant d'activités enrichissantes que l'on repousse souvent à "plus tard".

- **Repenser ses priorités** : Cette pause devient un moment privilégié pour prendre du recul et clarifier ses objectifs personnels et professionnels.

Plutôt que de subir un rythme de vie effréné, la micro-retraite propose de faire des **pauses stratégiques**, comme des respirations nécessaires pour avancer plus sereinement.

Redéfinir la carrière : un modèle rigide ne convient plus

Les jeunes générations – Millennials et Génération Z – remettent en question la vision traditionnelle de la réussite, qui repose sur une carrière continue et un départ à la retraite souvent trop tardif pour profiter pleinement de la vie.

La micro-retraite permet de :

- **Briser le schéma linéaire** de "travailler jusqu'à 65 ans, puis profiter de la retraite".
- **Introduire de la flexibilité** dans une vie professionnelle longue, en alternant périodes d'activité intense et pauses régénérantes.
- **Valoriser l'équilibre** entre travail, plaisir, et accomplissement personnel.

Cette nouvelle manière de concevoir la carrière n'est pas un frein à l'ambition. Au contraire, elle permet de revenir plus **motivé, créatif et aligné** avec ses aspirations profondes. Car la réussite, désormais, ne se mesure plus uniquement à la productivité ou au salaire, mais aussi à la **qualité de vie** et au bien-être.

Et si c'était le moment de faire une pause pour mieux avancer ?

La micro-retraite n'est pas une fuite ; c'est un **choix conscient et courageux**. C'est accepter que le temps ne se rattrape pas et qu'il est parfois nécessaire de s'arrêter pour **mieux repartir**.

Alors, posez-vous cette question :

- **Que feriez-vous si vous osiez prendre une pause aujourd'hui ?**
- Quels projets, passions ou rêves attendez-vous pour réaliser ?
- À quoi ressemblerait votre vie si vous vous accordiez ce temps précieux pour vous retrouver ?

La micro-retraite ne concerne pas seulement "faire moins" ; elle permet de **faire autrement**, avec plus de sens, d'énergie et d'authenticité. Et si vous lisez ces lignes, c'est peut-être un signe que le moment est venu de repenser vos priorités.

Votre avenir vous appartient

Le chemin est devant vous. Armé de toutes les stratégies, témoignages et outils proposés dans ce livre, vous avez désormais les clés pour oser cette pause. **La décision vous appartient** : écouter vos besoins, prendre du recul et transformer votre vie avec des moments qui comptent vraiment. Et si, au lieu d'attendre la retraite pour profiter pleinement de la vie, vous décidiez de le faire **dès maintenant** ?

Car après tout, parfois, **"s'arrêter, c'est avancer"**.

Annexes

Les annexes de ce livre ont pour but de vous offrir des **outils concrets**, des ressources complémentaires pour approfondir vos réflexions, et des inspirations pour franchir le pas. Que vous soyez en phase de planification ou encore dans le doute, ces modèles et suggestions vous aideront à organiser une **micro-retraite réussie** et alignée avec vos aspirations.

---

1. Modèles de budget pour organiser une micro-retraite

Voici deux modèles de budget à compléter selon vos besoins et vos objectifs. Ils vous aideront à structurer vos finances de manière réaliste et à anticiper les dépenses pour éviter les mauvaises surprises.

Modèle 1 : Budget détaillé pour une micro-retraite de 6 mois

Catégorie de dépenses	Montant estimé (€)	Dépenses réelles (€)	Commentaires
Charges fixes			

Catégorie de dépenses	Montant estimé (€)	Dépenses réelles (€)	Commentaires
Loyer (ou sous-location)			Option : sous-louer pour réduire à zéro.
Factures (électricité, internet)			Inclut les abonnements nécessaires.
Assurance santé / voyage			Vérifiez les couvertures pour l'étranger.
Dépenses liées au projet			
Billets d'avion / transport principal			Réservation anticipée conseillée.
Hébergement			Airbnb, auberge, colocation...
Nourriture			Cuisine maison pour limiter les frais.
Activités et loisirs			Visites, cours, activités culturelles.
Matériel (formation, équipement)			Exemple : matériel photo, formation.

Catégorie de dépenses	Montant estimé (€)	Dépenses réelles (€)	Commentaires
Imprévus (20 à 40 % du budget)			Indispensable pour éviter le stress.
Total estimé	€		

Modèle 2 : Budget simplifié pour une micro-retraite hybride (voyage et télétravail)

Catégorie	Coût par mois (€)	Total sur X mois (€)
Hébergement		
Nourriture		
Transport local		
Assurances et santé		
Abonnements (co-working, WiFi)		
Loisirs / découvertes		
Total mensuel		

Astuce : Ajustez ces modèles selon vos besoins et votre style de vie. Pour plus de flexibilité, conservez une marge de sécurité d'au moins 20 %.

2. Ressources complémentaires : blogs, chaînes YouTube et livres

a) Blogs inspirants

- **The Minimalists** *(theminimalists.com)* : Des conseils pour simplifier votre vie et financer vos projets de pause.
- **Les Nouveaux Travailleurs** *(lesnouveauxtravailleurs.com)* : Ressources pour les freelances, travailleurs nomades et adeptes du télétravail.
- **Traveling with a Purpose** *(travelingwithapurpose.com)* : Blog centré sur les voyages longs, la reconversion et le développement personnel.

b) Chaînes YouTube pour s'inspirer

- **Yes Theory** : Une chaîne qui pousse ses membres à sortir de leur zone de confort et vivre des expériences uniques.
- **Kara and Nate** : Voyageurs de longue durée qui partagent leurs astuces pour financer leurs aventures autour du monde.
- **Thomas Burbidge** *(français)* : Conseils pour freelances et travailleurs indépendants souhaitant équilibrer travail et liberté.

c) Livres à lire absolument

1. **"La semaine de 4 heures"** – *Tim Ferriss* : Un livre culte pour repenser son temps et sa productivité.

2. **"L'Art de la simplicité"** – *Dominique Loreau* : Adopter un style de vie minimaliste pour libérer du temps et des ressources.
3. **"Votre argent ou votre vie"** – *Vicki Robin* : La clé pour mieux gérer ses finances et vivre selon ses véritables priorités.
4. **"Le voyage d'un homme vers lui-même"** – *John Strelecky* : Un récit inspirant sur l'importance de s'accorder des pauses stratégiques.

---

3. Citations et témoignages inspirants

Parfois, une simple phrase ou une expérience vécue peut nous donner le **courage** de passer à l'action. Voici quelques citations et témoignages pour vous inspirer et vous rappeler pourquoi prendre une pause est un investissement précieux.

Citations inspirantes

- **"La pause permet d'avancer. Celui qui prend le temps de réfléchir est souvent celui qui va le plus loin."** – *Confucius*
- **"Vous n'avez qu'une vie, mais si vous la vivez pleinement, une suffit."** – *Mae West*
- **"Le voyage est un retour vers l'essentiel."** – *Proverbe tibétain*
- **"Il est temps de vivre la vie que tu t'es imaginée."** – *Henry James*
- **"Ne confondez jamais avoir une carrière réussie et avoir une vie réussie."** – *Richard Branson*

Élodie, 32 ans, consultante :

"Je pensais que prendre 6 mois pour voyager allait freiner ma carrière. Finalement, j'ai trouvé de nouvelles idées, appris une langue étrangère et rencontré des personnes qui ont enrichi ma vision du monde. Aujourd'hui, je suis plus créative et déterminée que jamais."

Mathieu, 28 ans, graphiste freelance :

"En planifiant une micro-retraite, j'ai appris à travailler autrement. J'ai alterné entre des semaines de télétravail et des semaines sans écran, en Thaïlande. Cette expérience a changé ma manière de gérer mon équilibre vie pro/vie perso."

Sophie, 35 ans, DRH :

"Quand une collaboratrice a demandé un congé sabbatique pour voyager, j'étais sceptique. Mais elle est revenue plus épanouie, pleine d'idées nouvelles. Aujourd'hui, je vois ces pauses comme un levier pour fidéliser et remotiver nos talents."

Conclusion des annexes

Ces modèles de budget, ces ressources complémentaires et ces témoignages vous offrent **tous les outils nécessaires** pour planifier, organiser et réussir votre micro-retraite. Que vous choisissiez de voyager, de vous former ou de vous reconnecter à vous-même, rappelez-vous que ce projet est une **opportunité précieuse** pour enrichir votre vie.

À vous maintenant de créer une pause à votre image et de la transformer en **tremplin pour mieux avancer.**